度的本质

杨文忠◎著

赵源媛◎绘

敦煌文艺出版社

图书在版编目（ＣＩＰ）数据

尺度的本质 / 杨文忠著；赵源媛绘. —— 兰州 ： 敦
煌文艺出版社，2025．4．—— ISBN 978-7-5468-2616-5

Ⅰ．C912.11-49

中国国家版本馆CIP数据核字第 2024UC6511 号

尺度的本质

杨文忠　著　赵源媛　绘

责任编辑：马吉庆

封面设计：北京·溪堂　王　辉

敦煌文艺出版社出版、发行

地址：（730030）兰州市城关区曹家巷 1 号新闻出版大厦

邮箱：dunhuangwenyi1958@163.com

0931-2131906（编辑部）

0931-2121387（发行部）

三河市嵩川印刷有限公司印刷

开本 650 毫米×910 毫米　　1/16　　印张 10　字数 105 千

2025 年 4 月第 1 版　2025 年 4 月第 1 次印刷

ISBN 978-7-5468-2616-5

定价：58.00 元

前 言
PREFACE

大千世界，芸芸众生，百态千姿，各具特色。

有的人说话留德，走到哪儿都受人欢迎，有的人口无遮拦，到哪都遭嫌弃。

有的人活得很通透，不会被外界环境干扰，能够始终保持内心的平静，有的人活得很混沌，总是被一些鸡毛蒜皮的小事扰乱了心绪。

有的人做事会留三分余地，锋芒从不外露，有的人做事很鲁莽，不计后果，事后后悔……

因为做人的方式不同，导致了人与人之间的巨大差异，这种差异不是由人的智商和出身等因素决定的，而是取决于尺度，那些聪明的人深知凡事把握尺度，是一个人最好的道德修养。有德之人，无论为人，还是做事，会更胜一筹。

第一，思想有尺，能做到众人皆醉我独醒，不会随波逐流，成为欲望、不良情绪的俘虏，他们知道自己的优点和缺点，能够愉悦地接纳自己，并扬长避短，从而实现天生我材必有用。

第二，出言有尺，言有所规，言有所戒，因为舌头是最锋利的刀，伤人不见血，也是惹祸之端，言语是最好的风水，管住了嘴，便能风生水起。

第三，行事有尺度，天道忌满，人道忌全，做事留三分余地，给别人，更是给自己，别苛求别人，多反躬自省，包容与尊重他人，才能把事做顺畅。

第四，爱人有尺，情不散尽有余韵，再爱一个人，也不会太满，即使是夫妻，也懂得避嫌，懂得人与人相处要留出空间，不越界，才能爱得有温度。

第五，生活有尺，取舍有道，张弛有度，不会将生活填满，懂得留白，学会断舍离，敢于尝试不一样的生活，迎接崭新的未来。

第六，成功有尺，凡事预则立，不预则废，眼中有尺，心中有量，拒绝内耗，想做就立即行动，从不被情绪打败，面对困难和挫折，依然勇敢乐观，成功便近在咫尺。

以上就是本书的主要内容。本书不仅提供了剖析本质的观点，还结合现实，从做人、说话、行事、爱人、生活、成功六个方面，为读者阐释了尺度在各种情景中的实操方法，阅读本书，可以让读者的智慧得到提升，生活品质得到改善。

现在，就让我们翻开书，打开智慧之门，开启一场愉快的阅读旅行吧。

目 录
CONTENTS

第 **1** 章

思想有尺：众人皆醉我独醒

人们的行为和决策都受思想的影响，拥有明确和正确的思想才能让我们做出有益的选择，才能做到众人皆醉我独醒，所以思想必须有尺度，才能让思想有一定的标准或界限，使我们保持客观和理性。

真正的成熟，始于接纳自己的平凡

> 每个人都渴望被接纳被认可，但是比起外界对自己的认可，最重要的是自我接纳，自我接纳是一个人内心的一种态度和观念，它能帮助我们认识自己、完善自己，让我们更快乐、更自信。

爱美是女人的天性，但是像冯小姐这样为了美三番五次在身上动刀的人不多见，割了双眼皮，垫高了鼻梁，磨了颧骨，做了隆胸手术，对着镜子看来看去，又觉得 160 厘米的身高是瑕疵，又有了做断骨增高手术的打算，冯小姐疯狂追求美的行为，到了令人咋舌的地步！

其实，冯小姐并不是大众眼中的丑女人，只是她自己觉得丑得不可救药。有一次，男友随口说了一句："你看，我的手指和你的一样纤细。"冯小姐便觉得男友嘲笑自己手指太粗，耿耿于怀了很久。

冯小姐的行为为什么会如此疯狂呢？这就要从自我接纳说起。自我接纳是指个体对自我及其一切特征采取一种积极的态度，简单地说，就是能够欣然接受现实自我的一种态度，是心理健康的一项重要标准。它包含两个层面的含义，如下图所示：

确认和悦纳自己的身体、能力等方面的正面价值，不因自身的优点、成绩等沾沾自喜。

能欣然正视和接受自己现实的一切，不因某些缺点、失误而自卑。

在现实生活中，总有一些人十分在意别人对自己的看法，极力掩饰着自己，因为额头有小孩时留下的伤疤，会小心翼翼地用头发遮挡；因为家境不好，害怕被人嘲笑，常在外人面前打肿脸充胖子；费了很大的劲儿，却没把事情干成，总找各种借口向他人解释……

我们大费周章地这样做，是源于外界的不友好吗？关于这个问题，我们先按下不表，来看一个有趣的心理学实验——伤痕实验。实验人员邀请数十名志愿者，将他们安排到单独的房间，在他们的脸上画上一道触目惊心的伤痕。

能伤害你的只有自己

实验人员让志愿者看到了镜子中化妆之后的自己，便将镜子拿走，并偷偷地擦掉志愿者脸上的伤痕。

之后，志愿者被要求带着"伤痕"出门，前往各医院的候诊室，以观察路人对自己面部的反应。最后志愿者得出的感受，惊人的一致，他们都认为路人的目光中充满了惊讶、恐惧和嘲讽。这个实验说明：我们怎样看待自己，就认为世界如何看待我们。

《增广贤文》中有这样一句话："自重者然后人重，人轻者便是自轻。"这句话的意思是说，懂得自尊自爱才会被人看重，自轻自贱只会让人看轻。如果一个人无法做到自爱，又怎么能要求别人爱自己呢？一个人最高级的自尊自爱，不是博得他人的欣赏和赞美，而是能够真正地接纳自己。

当我们能够真正的接纳自己，清楚自己的优点和缺点，即便别人对我们有看法，我们也能平静地接受。

在这个世界上，我们最好的朋友是自己，最大的敌人也是自己，若无法与自己和解，成为朋友，便会处处和自己作对，就如同我们身体里有两个自我，不停地斗争，这是痛苦、焦虑之源。

世上没有十全十美的人，每个人都有瑕疵，不管我们接受与否，它都客观存在，既然如此，何必和它较劲呢？不如正视它，接纳它，这样才能对自己有一个正确的认识，正确地认识自己，才能为未来的发展找到方向。

当然，接纳自己的缺点，并不等同于躺平、摆烂。躺平、摆烂是一种放弃改变和改进自我的态度，自我接纳则是看见并接受自己需要改变的地方，以积极的态度去改变。

积极的心态

　　如果人生是一把尺，第一个刻度便是悦纳自己，只有悦纳自己，人生路才能越走越顺畅。

不要做一个完人，取长补短不如扬长避短

你知道成功者与失败者的区别在哪吗？不是成功者足够努力，而是他选择了做最擅长的事情，懂得扬长避短。失败者则恰恰相反，他选择了自己的短板，一直在努力地取长补短。

张先生的父母是生意人，他从小就生活在一个优渥的家庭，父母希望他长大后，能继承自己的衣钵，让家族企业长盛不衰，可张先生从小就喜欢医学，立志做一个治病救人的医生。

高考报志愿的时候，在父母的强烈要求下，张先生被迫选择了工商管理，现在他如父母所愿，在自家企业上班。但是他每天都过得很压抑，由于性格内向，不善言辞，每次去谈生意，都会紧张到口吃，父母对张先生十分失望，虽然张先生也努力过，但很难做到像父母一样，成为一个雷厉风行的企业家。

在管理学中有一个著名的木桶定理，一个木桶由许多块木板组成，如果组成木桶的这些木板长短不一，那么，这个木桶能盛多少水，并不取决于最长的那块木板，而是最短的块木板。

我的木桶哪一块最短呢？

受木桶定理的影响，我们习惯性地认为一个人的发展取决于那块"短木板"，应学会取长补短。真的是这样吗？不尽然。

楚汉之争后，刘邦在总结自己取胜的经验时，说了这样一段话："论军事谋略，我不及张良；论治理国家，我不如萧何；论带兵作战，我比不上韩信。这三个人都是天下英杰，但都为我所用，所以，我能够成就大业"。

从这段话中，我们知道刘邦的短板是带兵打仗、制定军事策略、治理国家，而他的长处是善用人才，能让比他厉害的人为自己效命。

在不擅长的领域拼命努力，即便耗尽心力，能够获得成功的可能性也不大。

所以，聪明的人都会做擅长的事情，并且将擅长的事情重复做，做到极致，直到取得成功。

人这一生，时间和精力都是有限的，想要做的事情也很多，我们不能用时间来证明自己不擅长做什么事情，而应该把有限的时间和精力花在最擅长的事情上，所以说，取长补短不如扬长避短。

那么，怎么找到我们擅长做什么呢？它必须满足以下三个条件：

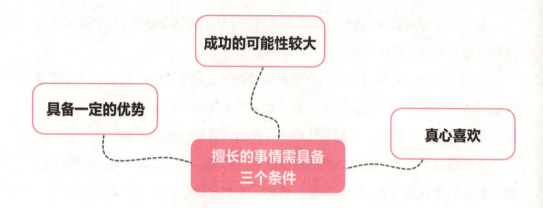

1. 具备一定的优势

我们要做的事情一定是自己的特长，比如，有的人的特长是逻辑思维能力强，搞科研就是他的特长；有的人运动能力强，体育就是他的特长。简单地说，特长就是你与别人做同一件事，别人只能拿到 50 分，你却能拿 100 分，那么，你就更擅长做这件事。

2. 成功的可能性大

能把一件事做成功，是我们的终极目标，但是如果这件事根本就不可能成功，那么，我们继续坚持的意义就不大。

一个人做服装店很长时间了，对服装店有深厚的感情，但是随着互联网的发展，实体经济受到了严重的影响，生意日益惨淡，就应该转换思路，寻求另外的发展。

3. 真心喜欢

俗话说，兴趣是最好的老师，当你真心喜欢做这件事，才会百分之百地努力，而且会乐此不疲，哪怕是遇到挫折和困难，依然能够不断地去尝试，直到成功为止。

天生我材必有用，在这个世界上没有什么庸才，那些所谓的庸才，只不过选错了方向，站错了位置，未能找到擅长的事情去作罢了。

如果你在一件事情上，努力了很久，都没有达到预期的目标，就不要再坚持，或许从一开始你就选错了赛道，不妨换个方向去努力试一试。

莫把他人认可为尺，要为自己的人生而活

人要活得纯粹、痛快、淋漓尽致，就应该遵从自己的内心，大道理谁都懂，但是真正能做到的人很少，因为我们常常迎合别人，把自己活成了别人期待的样子。

人的一生中会面临很多选择，在选择的十字路口，有多少人能遵从内心的呼唤，坚持自己的选择呢？有时我们会为了迎合别人，抛弃了自己。

李小姐在大学期间，交了一个男朋友，两人相恋三年，十分恩爱。亲友得知后，纷纷劝她分手，原来李小姐的男友家境贫寒，父亲早年因病去世，大家都觉得李小姐嫁给这样的男人，就等于跳进了火坑。

经过亲友们的谆谆教诲，李小姐忍痛分手，纵然心中有万般不舍。后来，她嫁给了一个企业家的儿子，让很多小姐妹羡慕，可心中的苦只有李小姐知道，她和丈夫三观不合，常常因为鸡毛蒜皮的小事吵得不可开交，日子过得一地鸡

毛。每每深夜难以入眠的时候，李小姐便常常问自己：为什么当初不坚持自己的选择呢？

人通常会活成两种样子，一种是"活成自己想要的样子"，一种是"活成别人期待的样子"，后者常常作茧自缚，活得很累很痛苦，前者则懂得自尊自爱，活得很真实很自在。

遗憾的是，大部分人都活成了后者，把得到别人的认可，作为行动的标准，忽视了内心的感受，却迎合别人，这样的例子不胜枚举。

为了迎合父母，我们努力做一个好孩子。
为了看上去光鲜，选择了自己不喜欢的工作。

那么，人们为什么宁愿内心挣扎痛苦，也要去迎合别人呢？主要原因包括三个方面：

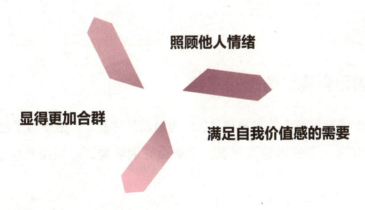

照顾他人情绪

显得更加合群

满足自我价值感的需要

1. 照顾他人情绪

同事皮肤比较黑，却穿了一件白色的连衣裙，显然不合适，但是当她对你说："你觉得这件衣服怎么样？"你可能会说："款式很新颖，很不错。"

但是，如果她说："我觉得这件衣服不适合我，你觉得呢？"你可能会委婉地说："如果换一个天蓝色，应该更好吧。"我们迎合同事，是为了照顾她的情绪。

2. 显得更加合群

人是社会性动物，具有合群与群居的倾向，为了让自己看上去更加合群，我们常习惯趋同于群体，不愿意做出与群体态度、观点相反的言行。

无论是在生活中，还是在工作中，人们总是相信多数人的意见。

3. 满足自我价值感的需要

自我价值感是指个体看重自己，认为自己的才能、人格受到了社会的重视，在团体中享有一定的地位和声誉，并有良好的社会评价时所产生的积极情感体验。

自我价值感高的个体	自我价值感低的个体
通常表现为自信、自强、自尊	通常表现为自卑、自暴自弃

自我价值感的评价来自两个方面：一是自我评价；二是他人对自己的评价。前者更加稳定，后者会随着他人对自己态度的变化而变化。

如果我们在心中有一个自我评价的尺子，且对自己评价很高时，就不会过分在意他人的评价；相反，当我们无法正确认识自己，对自我评价很低时，别人的一句话就会让我们耿耿于怀很久。

一个自我价值感低的人，为了得到他人的认可，获得他人的赞美，就会想方设法地去迎合他人。

其实，迎合不完全是坏事，适当迎合他人，可以让我们更好地与人相处，但过度迎合别人，尤其是在人生关键的大事上，比如找工作、找伴侣、报考高考志愿等，一定不能人云亦云，一定要遵从自己的内心，做出正确的选择。

在做选择前，需要花一些时间来思考，权衡利弊后再做决定，我们准备一张纸，将其分成两栏，把不同选择的优点和缺点全部罗列出来，将优点写在一边，将缺点写在一边，通过比较，就可以得出结论。

所有的不良情绪，都源于和自己过不去

人生是一场修行，在修行的路上，会遇到形形色色的人和各种各样的事，但是它们都不是带给我们伤害的元凶，真正的元凶是存在于头脑中的执念。

生活中不愉快的事情常常不期而至，每每这时大多数人便开始发牢骚，埋怨际遇不良，责怪老天不公，抱怨运气不佳。其实，在这个世界上没有人能扰乱我们的心绪，所有的不良情绪，都源于和自己过不去。

同一件事，不同的人会有不同的看法，这种差异是导致情绪波动的一个重要原因，这就是美国心理学家阿尔伯特·艾利斯提出的情绪 ABC 理论。

该理论认为激发事件 A（Antecedent）只是引发情绪和行为后果 C（consequence）的间接原因，而引起 C 的直接原因则是个体对激发事件 A 的认知和评价而产生的信念 B（belie），即人的消极情绪和行为障碍结果（C），不是由于某一激发事件（A）直接引发的，而是由于经受这一事件个体对它不正确认知和评价所产生的错误信念（B）所直接引起。

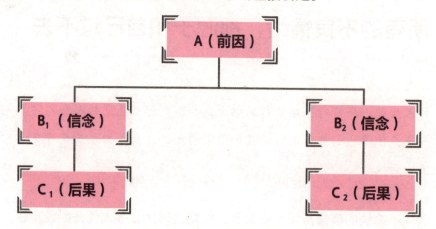

如上图所示，A 指事情的前因，C 指事情的后果，有同样的前因 A，为什么产生了不一样的后果 C1 和 C2 呢？这是因为从前因到结果之间要经过信念的加工，同一件事，不同的人对其的解释和评价不同，便产生了 B1 和 B2，从而导致了不同结果，即 C1 和 C2。简单地说，就是事物本身并不会对人造成影响，对事物的看法才会对人产生影响。

虽说人类是智慧的生物，但有时候也会产生自以为是的念头，而这是导致我们陷入不良情绪的关键所在。

所以，只有改变不合理的观念，才能避免我们陷入到不愉快的情绪体验当

中去，那么，人们的大脑中经常存在哪些不合理的观念呢？

1. 绝对化的要求

绝对化的要求是指人们常以自己的意愿为出发点，认为某件事一定会发生或者一定不会发生，常表现为将"希望""想要""可能"等绝对化为"必须""应该""一定"等。这种绝对化的要求违背了事物发展的客观规律，实现的可能性很小，这就会导致我们灰心失望、沮丧颓废。

2. 极度悲观

有的人会习惯性地把一件不好的事情，想得糟糕至极，这是悲观者的思维定式。

没有哪一件事可以被定义为糟糕到了极点，因为总会有更糟糕的情况出现，抛弃那些不理性的想法，才会避免深陷痛苦之中。

3. 过分概括化

过分概括化是一种以偏概全的不合理思维方式，常常把"偶尔""某些"过分概括为"经常""所有"等，主要体现在人们对自己或他人的不合理评价上，比如，人们习惯用一件事或者几件事来评价一个人的价值。

以这些不合理的观念为尺，就会影响我们的心情，我们需要培养自我反省的能力，当我们感到不愉快时，认真审视和反思不愉快产生的原因，去掉那些不合理的念头，才能避免重蹈覆辙，收获一份好心情。

人生是一个不断地自我认识和自我完善的过程，人人都需要有一把尺子来衡量自己的成长和进步，这把尺子就是正确的认知，以正确的认知为指导，才能确保行动的正确性。

所有的烦恼，皆是贪念太多

> 生活中有太多的东西是我们想拥有的，比如金钱、地位、权力、美貌……如果贪念没有止境，我们的心灵就不再有净土，正所谓："贪念生，欲望起，身为奴，心为役，苦相随，乐相离。"

熊掌与鱼翅不可兼得，这个道理浅显易懂，众人皆知，但是真正能做到的人寥寥无几，贪心的人太多。

洪先生是一家大型公司的业务经理，年纪轻轻便年入百万，买了房、买了车，日子过得十分红火，令很多同龄人羡慕不已。前不久，洪先生听说身边有不少人为了让孩子到好的学校读书，都购买了学区房，他也心动了，决定将房子卖掉，换成学区房。

换学区房之后，洪先生发现自己的车落伍了，一般来说，能购买学区房的家庭都有着不俗的经济实力，开的都是豪车，洪先生觉得自己的车停在小区里显得格格不入，于是又贷款买了车。很快，巨大的经济压力让洪先生喘不过气来。

贪念是一切痛苦的根源。

在贪念面前，很多人都跟洪先生一样，本来已经过得很不错了，但人心不足蛇吞象，总想得到更多，最终成为了贪念的奴隶，有多少权贵因为贪念太盛，被金钱所束缚，被权力所征服，最终身陷囹圄，走上了犯罪的道路。

那么，人的贪念过盛，是什么原因造成的呢？这是个复杂的问题，每个人的动机都不尽相同，但主要因素不外乎以下三种：

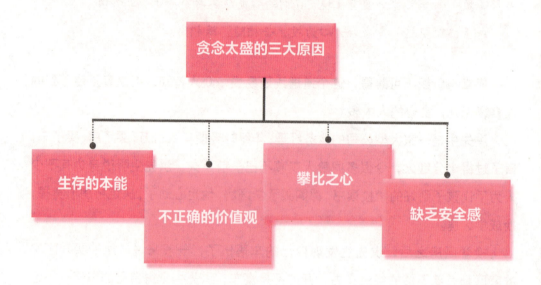

1. 生存的本能

在漫长的人类进化历史中，我们的祖先要通过竞争获取有限的资源，如水和食物，才能得以生存，这种竞争环境使人们本能地想获得更多的资源，远离饥饿，繁衍生息，所以，贪念过盛是根植于我们基因之中的。

2. 不正确的价值观

现代社会往往把财富、权力作为衡量成功的重要标准，那些贪心过盛的人或许从小就被灌输了一种错误的价值观——只有拥有更多的财富，才能过上想要的生活，这使得人们变得愈发贪婪。

事实上，拥有更多的财富并不一定能给人们带来快乐与幸福，那些试图用财富来填补内心空虚的人，往往都陷入欲望的漩涡中，无法自拔。

3. 攀比之心

攀比是导致贪念过盛的一个驱动因素，有的人缺乏对自己的正确认识，总是想通过与他人的比较，来肯定自己的价值。比如，看到别人年入 20 万，自己年入 50 万，就认为自己比别人更优秀，反之，就会自惭形秽，这种心理使人们想在社会中获得更高的地位，更多的财富，从而激发了人们的贪婪情感。

4. 缺乏安全感

童先生来自偏僻的农村，家境十分贫寒，为了改变现状，童先生努力读书，考上了一所名牌大学，拥有了一份收入不菲的工作，可他依然像个拼命三郎，不停地赚钱，一刻都不敢停下来，这令周围的人十分不解。

因为童年的经历，使童先生缺乏安全感，他担心未来会发生变故，对未知充满了恐惧，希望能拥有更多的财富，来保证未来的生活，但是什么算是更多呢？因为恐惧、没有安全感，他自己也不清楚，只能拼命地赚钱，越发地贪婪。

　　值得一提的是，贪念不一定是消极的，它也有积极的一面，比如可以激发人们更加地努力，去追求更高的目标。但是，我们也要深刻地认识到贪念过盛是一种不健康的心理。

　　要避免深陷贪念之中，应养成自律的习惯，明确自己的奋斗目标，清楚自己想要什么，就不会被外界的诱惑影响，不会随波逐流，做自己人生的掌舵人，而不是被贪念所裹挟。

如果幸福有标尺，那一定是好心态

什么是幸福，一千个人对幸福有一千种定义，因为幸福是一种自我感觉，他人无法感知，正如"子非鱼，安知鱼之乐"，但是幸福的人都有一个共同的特征——拥有好心态，善于发现美。

鲍女士和丈夫结婚三年多了，日子过得平淡而幸福。前不久，她的闺蜜离婚了，原因是丈夫收入不多，日子过得捉襟见肘，两人常常因为金钱吵架，时间长了，感情就淡了。

闺蜜离婚这件事，让鲍女士开始审视自己的婚姻，渐渐地，她的心态失衡了，和丈夫的争吵也不知不觉地多了起来，而且她发现身边有很多因丈夫收入不高，婚姻生活不幸的女人。

鲍女士萌生了离婚的念头，当她把想法告诉妈妈后，妈妈非常生气的说：

"你就是嫌贫爱富，我见过的有钱人，哪个对感情忠贞不二呢？"妈妈还列举了很多例子，来说服鲍女士，鲍女士也举出身边不少朋友、同学，嫁的都是有钱人，日子过得非常滋润，母女俩争论不休。

为什么母女俩对婚姻幸福的看法截然相反呢？我们暂且不表，先来回忆一下，你是否有过下面的经历。

以上这些都是视网膜效应的典型表现，视网膜效应是指当一个人拥有一件东西或者一项特征时，就会比平常人更注意到别人是否具有与我们相同的特征。

鲍女士和她的母亲都受到了视网膜效应的影响，鲍女士因为看到了闺蜜嫁给普通男人的不幸，使她发现身边有很多女人有着和闺蜜一样的不幸，实际上，很多女人嫁给了普通的男人，却过着幸福的生活。而她的母亲看到的是嫁给富人的不幸，所以得到了和鲍女士截然相反的观点。

也就是说，人们受视网膜效应的影响时，人们只对需要的对象感兴趣，会特别留意相关的信息，对那些与需要不相关的信息就会不由自主地过滤掉，进行选择性注意。

所以，要想拥有幸福的生活，就应该重建视网膜效应，当我们用积极的心态去看待周围的一切时，幸福就会重新回到我们身边。

首先，将注意力集中在优点上

成功学大师卡内基认为，每个人的特质中大约有 80% 是长处或优点，而 20% 左右是我们的缺点，可是不少人却习惯吹毛求疵，集中注意力在缺点上，并把缺点无限放大。试着去发现身边人的优点，你会发现他们都是可亲可爱的人，若总是盯着别人的毛病不放，那么，你身边都是可恶可憎的人。

其次，培养自我欣赏的能力

在"视网膜效应"的影响下，一个自我认可和欣赏的人，才会看到他人的优点，然后去欣赏他人，才能与他人友好相处，即爱己才能爱人。

　　我们经常羡慕他人，总认为别人是幸福的，自己是不幸的。其实，我们眼中他人的幸福，是通过我们积极的心态去解读的，殊不知，我们的幸福也活在别人的眼中。如果有衡量幸福的标尺，那一定是好的心态，改变心态，幸福自来。

第 2 章

出言有尺：言有所规，言有所戒

健谈的人与寡言之人，哪个更受欢迎？可能很多人都倾向于前者，但是如果健谈之人说话没有尺度，什么话都讲，那还不如一个寡言之人，言多语失，有时候沉默也是一种可贵的品质。

言多必失，有些事说出口便是祸

健谈的人与寡言之人，哪个更受欢迎？可能很多人都倾向于前者，但是如果健谈之人说话没有尺度，什么话都讲，那还不如一个寡言之人，言多语失，有时候沉默也是一种可贵的品质。

人们常说，沉默是金，深以为然，沉默是一种能力，说话谁都会，但是能做到忍住不开口，保持沉默，未必谁都能做到，所以，能保持沉默的人才是有本事的人。

言多必失，话说多了，很容易说错，特别是在我们得意忘形、忘乎所以的时候，很容易将不该说出口的话说出来，说出来的话如泼出去的水，很难再收回，但是因此产生的影响，就像丢入湖中的石头泛起的涟漪，会传播很远。

《菜根谭》有云："口乃心之门，守口不密，泄尽真机。"意思是说，嘴巴是心灵的大门，守不住嘴巴的人，就很难守住心底的秘密，秘密一旦泄露出去，就可能引来很多麻烦，特别是以下三件事，无论如何都要将它们烂在肚子里。

不谈自己的钱财　　不揭人家的短处　　不谈自己的家丑

1. 不谈自己的钱财

自古以来，财不外露，便是一条社会生存法则，闷声发财才能保平安，但是，有的人因虚荣心作祟，总喜欢向别人炫耀自己有多富有，于是，麻烦和祸事便就此产生了。

林女士家境殷实，平时喜欢穿金戴银，闲暇之余，常和邻居打麻将，在麻将桌上，她常常向别人炫耀自己的首饰。

一天，邻居向林女士借钱，被林女士一口回绝了，从那以后，大家都不愿意和林女士打牌了，还常常在背后议论她，"真小气，那么有钱，这点钱都不借""她就是守财奴""谁知道她的钱来路正不正啊"，林女士感到很委屈，认为自己没有做错什么，为什么大家这样对自己呢？

对于有钱人，人们或多或少都会有些羡慕嫉妒恨，财外露，已经让人心中不悦，又不肯帮助别人，就会给别人提供了诟病的理由。这只是一种小麻烦，大不了被人在背后议论几句罢了，如果遇到居心叵测的人，轻者可能导致钱财被抢被骗被坑，重者可能遭到绑架，甚至伤身之祸。

2. 不谈自己的家丑

俗话说，家家有本难念的经。谁家没有点不顺心的事情呢？既然是家事，就应关起门来，自行解决，若把家中的丑事，对外人讲了，事情就更加难办了。

方女士的儿子大学毕业三年多了，还没有找到一个正经的工作，儿子的工作成了她的一块心病，她将自己的苦恼讲给一起跳广场舞的姐妹，想让姐妹们帮她出出主意。

可不知道怎么回事，不久后，大家都在传方女士的儿子是瘾君子，大家看到方女士的眼神都怪怪的，方女士的儿子得知后，暴跳如雷，差点和方女士决裂。

把家中的丑事对外人讲，会被外人看不起，被人嘲笑，有些不怀好意的人，会故意曲解你的意思，到处宣扬，最后使事情变了味，以讹传讹，传得离奇古怪，荒谬绝伦，让你百口莫辩，名誉受损。

3. 不揭人家的短处

《弟子规》里有言：人有短，切莫揭；人有私，切莫说。意思是说，别人有短处，一定不要揭露出来；别人有秘密，一定不要到处讲。揭短就是揭露他人的缺点和隐私，这会严重伤害他人的自尊。

最令人厌恶的是，有的人揭别人的短处，是为了凸显自己的长处。比如，一个研究生嘲笑一个高中都未考上的同学，"我听说你上学的时候，及格过一次。"

拿自己的长处来诋毁别人的短处，是一种没有教养的表现。护短不是掩饰他人的缺点，而是照顾人性的弱点，给人留面子，不伤害他人的自尊心。

言多不是错，但要有尺度，知道哪些话该说，哪些话坚决不能说，嘴巴没有了把门的，祸事便不远了。

别把心直口快当坦率，语言有度嘴下留情

在人世间行走，嘴巴一定要边界尺度，心直口快，伤人伤己，三思后再张口，谨言慎行，才是利人利己的聪明做法。

有些人总喜欢用心直口快、说话直来直去来标榜自己，称赞自己为人坦率，认为那些说话圆滑的人，不够真诚。张先生就是这样的一个人。一个微胖的女同事穿了一件面包服来上班，张先生以开玩笑的口吻说道："我觉得套个麻袋，应该更好看一些。"

工作之余，同事们正在谈论当下热播的韩剧，张先生突然插了一句："脑残才看韩剧，正常人谁看韩剧。"办公室里顿时鸦雀无声。

好友说自己最近胖了，需要减肥了，张先生笑着说道："哪里是最近胖了，你一直都很胖啊！别减了，你瘦不下来。"

见对方生气了，张先生就会补上一句："我说话直，心直口快，你别生气。"久而久之，人们都受不了张先生的坦率了，纷纷对他敬而远之。

不管你是有意还是无心，你的心直口快伤害了别人，就是一种没有教养的表现，也是情商低的体现。另外，别把心直口快当成坦率，因为两者原本就不是一回事，它们有着本质的区别。

心直口快	坦率
说话直接，不考虑别人的感受，易伤害别人	诚实地表达自己的想法，同时考虑他人的感受。
更侧重于表达的直接性	更侧重表达的真实性和尊重他人的感受

那么，该如何避免心直口快伤人呢？我们可以从以下几个方面进行努力。

1. 加强对言行的认知

心直口快的人通常不认为自己恶语中伤，因为他们可能并没有伤害别人的意愿，但因意识不到自己言行的不妥，从而说出了伤人的话语。

所以，我们平时应该多留意自己的言行，学会倾听和反省。当我们与他人意见不一致时，不要着急发表自己的看法，多听听别人的想法，尝试理解他的感受和需求。事后多反省，发现自己不足之处，并进行改正。

2. 情绪不佳时少说话

人们在心情不好的时候，就很难保持理智，说话就会不假思索，脱口而出。所以，当我们情绪不佳时，尽量少说话，以免恶语伤人。

3. 谨言，三思后再开口

古语有言："修己以清心为要，涉世以慎言为先。"意思是说，修炼自己，要以清心寡欲最为重要，在社会上做事，要以谨慎说话为先。

慎言是一种美德，是一个人成熟的标志。真正成熟的人，说话都会慢半拍，倘若不知道说什么好，不如不说，若要说，一定要三思之后再开口，其好处主要表现在以下方面：

（1）避免口舌是非，说话前仔细斟酌，可以避免冲动的言语伤害他人。

（2）避免错误的发生，说话前充分考虑，权衡利弊，以免覆水难收。

（3）树立良好的形象，在社交场合，谨言就会人留下慎重、值得信赖的印象。

居高位的人，一口唾沫一个钉，更要避免心直口快。

4. 少一些急躁

心直口快的人，通常性子比较急，遇到事情容易急躁，缺乏包容心，遇到不顺心的事情，便会立刻爆发出来，培养耐心，可以改变性子急、心直口快的毛病。平时我们可以练习毛笔字、深呼吸、冥想等，这些都有助于放松身心。

好言一语三冬暖，恶语伤人六月寒。心直口快的人说出的话就像一把刀子，割人心弦，所以，我们在和别人交往时，一定要注意说话的分寸，嘴下留情。

敬人有度尊人有分，不要打断别人说话

每个人都有表达的愿望，如果不顾及他人的感受，不分场合与时机地打断别人，或者抢别人的话头，会比发言冗长者更令人讨厌。常言道：敬人有度尊人有分，无缘无故地打断别人说话便是不尊不敬。

一个人有没有素养，是否尊敬人，一聊便知。有的人很喜欢和别人聊天，常常滔滔不绝地讲个不停，好像和谁都能聊到一块，都有共同语言，却遭到身边人的厌恶。

周女士是一个健谈之人，同事们正在商量周末去公园玩，周女士立马插话说：“公园有什么好玩的，周末人那么多，挤来挤去，还不如去看电影。”

大家见小李的字写得很好，纷纷夸奖起来，周女士凑过去，看了一眼，说道：“这算什么，我从小就练习书法，哪天给你们露一手。”

由于周女士喜欢插嘴、打断别人说话，令身边的人都非常反感，认为她没有教养，不尊重人，都不愿意和她说话。

1. 打断别人说话的常见原因

在日常生活中，相信很多人都曾遇到过爱插话、爱打断别人说话的人，那么，打断别人说话到底是什么原因呢？

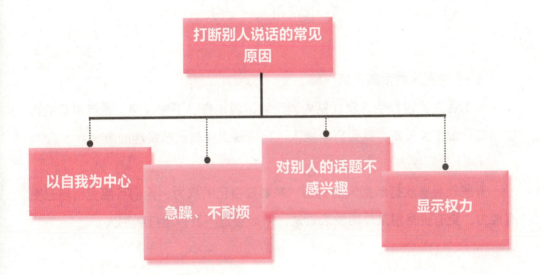

（1）以自我为中心

以自我为中心指的是一个人过于关注自己的需求、愿望和利益，而忽视或者不顾及他人的感受与需求，这会导致自私、不尊重他人等不良行为的产生。

那些以自我为中心的人，只关心自己的言论，不愿意听取他人的意见，他们可能觉得自己的说得话更有价值，更有分量，所以会打断别人的话，来表达自己的看法。

（2）急躁、不耐烦

有的人性子急，听到别人慢条斯理的讲话，会非常着急，希望他们快点说，得到想要的答案或者信息，便会打断别人的说话。

（3）对别人的话题不感兴趣

人们在交谈过程中，发现别人谈论的话题，自己不感兴趣，或者对话的内容与自己没多大关系，就会打断别人，把话题引向自己感兴趣的方向。

（4）显示权力

有些领导喜欢打断别人的讲话，来彰显自己的权力，他们可能觉得自己更有能力，更有资格对某件事发表看法，所以会迫不及待地打断别人。

2. 礼貌地打断别人说话的技巧

表达是每个人的权力，尊重别人说话的权利是一个人的高级修养，在别人说话的时候，尽量不要打断别人，但是我们经常碰到必须要打断别人的情况，那么，怎么做才能不让对方产生反感呢？

（1）频率适度

在交谈的过程中，不宜频繁打断对方，否则会干扰到对方，使其不能顺畅地表达，也会给对方的心理造成一定的压力，因此，打断的频率一定要适度。

（2）选择合适的时机

打断别人的谈话，应选择恰当的时机，等到别人把话讲完，不能在话音未落地时候插话。比如，有的人正在兴致勃勃地发表观点，突然有一个人站起来，说道："我不赞同这个观点，我认为……"这是非常不礼貌的，很容易让别人反感，甚至引发争吵。

（3）以肯定开头，避免争论

你突然打断别人，肯定会令人不爽，让对方对你充满敌意，如果你能先肯定对方，就会让对方放下戒心，对你友善一些。或许对方说的都是长篇大论，没有太大的意义，但你还是应该违心地夸一夸他，从而避免争论。

除此之外，我们插话还要看对象，如果是权威人物，还是安静地听他讲完为好，不要轻易打断对方。

其实，插话、打断别人，也不全是不礼貌的表现，出现以下三种情况时，适当插话，会让说话的人感激你。

在对方急需要你理解他说的话时

你可以插话说："您的意思是……"

当别人忘词、卡壳时

你可以接出下句，比如，"您当时是怎么想的？""我觉得这件事还可以从另外角度看"。

启发对方时

比如，领导和员工就某一件事进行沟通，领导可以启发员工说："你这样做结果会怎么样？""你的预期是什么？"

管住嘴守住心，莫在背后嚼舌根

> 有分寸，有尺度，不在背后搬弄是非、议论他人，是根植于内心的善良和修养。有时候滔滔不绝，并不比沉默得体，与其搬弄是非，不如沉默不语。

在这世界上有一种人，不知道别人发生了什么，不清楚别人经历了什么，就喜欢在背后乱嚼舌根，制造是非。刘小姐最近总感觉同事们在背后对她指指点点，看她的眼神都怪怪的，敏感的刘小姐从中读出了一点八卦的味道，于是，私下找到一位关系不错的同事询问了此事，没想到竟然是一个同事在背后嚼舌根，说她和总经理有着不可描述的关系。

刘小姐仔细回忆了一下，应该是前段时间搭乘了总经理的车，被那位同事看到，所以才莫名其妙地有了这次绯闻。

事情经过是这样的：那天刘小姐加班很晚，又是一个雪天，很难打车，在路边等车的时候，正好碰到总经理，两人住的又顺路，总经理便送刘小姐一程。

想到这原本是一件很小的事，竟然被是非之人传得这么离谱，给刘小姐带来了不小的影响。古语有言：舌上有龙泉，杀人不见血。意思是说随便说话能使别人遭受重大灾祸。在背后搬弄是非之人，古今有之，有人还为此丢了性命。

口是伤人斧，言是割舌刀。

《史记·项羽本纪》中有这样一个故事：秦朝末年，各路起义军蜂拥而至，大家约定，谁先攻入咸阳，谁就做关中王。结果刘邦率先攻入咸阳，项羽一气之下杀了子婴，烧了阿房宫，准备回江东。

有谋士劝项羽应在咸阳建都，但项羽执意回到家乡，这位谋士便认为项羽不是顶天立地的大英雄，在背后逢人便讲："项羽不过是沐猴而冠罢了"，项羽得知后，便将此人活活煮死了。

这虽然是个极端的例子，但是却告诉我们一个深刻的道理——得闭口时须闭口。与人交往，一定要管住嘴，守住心，不能乱讲话，做一个言语有界之人。那么，哪些事情不能在背后议论别人呢？

不随意评价别人的德行

不评价他人的家庭

不随意评价任何人

1. 不随意评价任何人

生活中，总有一些人，闲来无事，喜欢在背后说人长短，殊不知人人都擅长以自我认知为主，这难免会有偏差。有偏差地评价他人，是一种没有涵养的表现，对被议论者也是一种伤害。

一个有修养的人，从不随意评价任何人，哪怕是他最看不起的人，因为每个人都有自己的生活和行事方式，己所不欲勿施于人，何必将自己的观念、想法强加到别人身上呢？多一些包容，多一些体谅，各自安好。

2. 不随意评价别人的德行

有的人总喜欢站在道德的制高点上，以一种傲慢的态度，去议论、谴责他人，这种人通常有一种优越感，自我感觉良好，并且常常自以为是。

道德不是绝对的，在不同的文化和时空背景下，不同的人有不同的理解，我们不应将自己的道德标准强加给别人，不能简单地用自己的价值观对他人进行评判，要学会尊重和理解别人，莫在背后论是非。

3. 不评价他人的家庭

家庭之事，属于个人私事，可有些人总喜欢盘根问底，在背后瞎打听、品头论足，人家的家事，与你何干呢？人家是否幸福，只有他们心里清楚，外人看到的都是表面，你有什么资格评价呢？

一对中年夫妻，女人每天很早出来摆地摊，中午的时候，男人会骑着自行车，来到女人摆摊的地方，从包里拿出两个饭盒，两人便坐在马路牙子上一起吃，有说有笑。周围的人看到了，便在背后议论纷纷，解读他们的不幸。

每个人对幸福的理解都不一样，你眼中的不幸，在别人眼中有可能是莫大的幸福。所以，不要轻易评价别人的家庭，打扰别人的幸福。

说话方式有尺度，咄咄逼人要不得

> 与人沟通互动时，我们常常把注意力放在说话的内容上，实际上情绪才是其中的主角，如果你说话气势汹汹，咄咄逼人，不管说什么，你都已经完败。

在生活中，你是否遇到过这样的人，他们讲话的时候，嘴巴上仿佛安装了机关枪，不停地喷射出话语，快速而密集，给人以咄咄逼人之势。

一次，公司组织团建活动，在一处博物馆参观时，墙上有明显的标识——禁止拍照。小孙可能没有留意到这个标识，拿着手机四处拍照，引得参观的人纷纷侧目，朱经理见状，向小孙投去鄙夷的目光，走路的时候有意和他拉开一段距离，好像两个人根本不认识。小孙将注意力集中在拍照上，完全没有意识到朱经理的异常。

就在小孙拿着手机对着一件藏品准备继续拍照时，朱经理突然站到了小孙前面，指着墙上的标识，大声地反问道："你没有看到标识吗？这么多人就你一个另类，你怎么那么与众不同？你丢了咱全公司人的脸……"

朱经理的"妙语连珠",吼声,惊动了参观者,纷纷围拢过来,看个究竟,小孙的脸红到了脖子根,含着眼泪,跑开了,不久后,小孙便提交了辞职信。

中国有句老话:"有理也要让三分,得饶人处且饶人。"在这件事上,虽说小孙有不对的地方,但朱经理如此咄咄逼人,实在让人有些下不来台。

有理并不是咄咄逼人的理由,咄咄逼人赢的是道理,输掉的是胸怀。

那么,说话咄咄逼人,十分强势的人到底有怎样的心理呢?一般来说,包括以下三点:

1 证明比别人优秀   **2** 赢得他人的尊重,或者显示权威

3 内心感到恐惧,不够自信

1. 证明比别人优秀

很多人从小受到的教育,就是一定要赢,不能输,所以他们长大后,不管

做什么事情，都争强好胜，一定要出类拔萃，就连说话都表现得咄咄逼人，以此来证明自己比别人更优秀、更优越。

有的人说话咄咄逼人，是想通过强势来证明自己的能力，以免受到伤害，也因他们缺乏平等友爱的人际关系，导致他们像刺猬一样，和他人的关系十分紧张。

2. 赢得他人的尊重，或者显示权威

本文开头的案例中，朱经理就属于这种情况，他觉得自己是领导，说话就应该有分量，掷地有声，否则怎么能显示自己的权威，如何赢得他人的尊重呢？在职场中，这样的领导比比皆是。

实际上，一个人的威信和尊重不是靠咄咄逼人建立起来的，一个人会说话，他说的话才能让别人听得进去，不怒自威。

3. 内心感到恐惧，不够自信

有的人虽然说话咄咄逼人，给人十分强势的样子，其实，他们是纸老虎，内心脆弱得不堪一击，以此来掩饰内心的恐惧和自卑。

比如，有的女人经常查岗，老公的一举一动都需要报备，和老公说话的时

候，夹枪带棒、尖酸刻薄，说起来话咄咄逼人得令人窒息。

因为对自己不够自信，才会试图去掌控别人，其表现形式便是咄咄逼人。

　　总之，咄咄逼人的说话方式会给人过于强势、不尊重他人的印象，所以，我们在说话时，应从以下三个方面进行改善，让人更容易接受。

　　（1）语言柔和些，一场有效的沟通，情绪占70%，内容只占30%。

　　（2）不要用反问句，这会让人感到被质疑或者被挑战。

　　（3）不要用否定词语，这会给人一种命令或者批评的感觉。

" 说话的音量像标尺，丈量出内在的修养 "

> 说话的音量，反映出的是一个人的修养与层次，不分场合，大声说话的人，往往缺少关爱他人的尺度，不会顾及他人的感受，而那些心中安静的人，说话才会轻声细语，让人如沐春风。

在生活中，你见过像王熙凤一样"未见其人，先闻其声"的人吗？大嗓门是这类人典型的特点，嗓门大，虽算不上什么缺点，但有时候真的很招人烦。

小区里有一个韦女士，爱说爱笑，是个远近闻名的大嗓门，平日里经常带孩子在小区里散步，遇到其他宝妈，就会坐在一起交流育儿经验。

一天，韦女士又在楼下侃侃而谈，吵醒了住在二楼的一位男士，这位男士刚刚下夜班，心情十分不爽，便张开窗户，对着楼下嚷道："小点声，吵死人了！"

"这是公共场所，不是你家地盘，凭什么不能大声说话？"韦女士情绪激动，说话的声音就更大了，两人越吵越凶，最终上升到肢体冲突，双双请进了派出所。

在日常生活中，每每碰到大嗓门，都让人忍不住侧目、皱眉头，为什么大嗓门会招人反感呢？

噪声的刺激，会让人感到紧张、不安。所以，当有人大声说话时，就会打扰到身边的人，让人感觉非常难受，尤其是在安静的环境里，突然有人大声说话，会显得非常刺耳，容易引起心慌，若是有心脏病的人，可能会因突然的惊吓，导致疾病复发。

另外，大嗓门还常常出现在发生分歧的时候，就某一个问题有不同的看法，是很正常的事情，沟通是解决分歧的最佳办法，但是，很多时候都以争吵结束，并没有找到解决问题的办法。

为什么会这样呢？其原因就是人们在情绪激动的时候，说话的声音会不知不觉地升高，渐渐地沟通的两个人就偏离了主题，从最初的以解决问题为目的，演变成了比谁的声音更高。

水深波浪静，人贵声音低。说话的音量就像一杆标尺，它能丈量出一个人内在的修养。河东狮吼，方圆数里抖三抖，谁都讨厌，轻声细语，如沐春风，谁都喜欢。所以，我们说话的时候，声音尽量小一点，那么如何才能做到呢？

1. 明确目的

当我们和他人发生分歧的时候，一定要明确我们沟通的目的是为了解决问题，不是为了发生争吵，这就会让我们心平气和很多，说出的话就会温柔一些，当对方接收到我们温柔的话语后，也会不由得降低分贝，就会让事情向好的方向发展。

2. 积极的心理暗示

说话之前，默默地对自己说："我说话的声音小，是个受欢迎的人""温柔的声音最好听"，积极的心理暗示，将有助于我们改掉说话大嗓门的毛病。

进行积极的心理暗示时，不能用否定的字眼，因为在潜意识的字典中，没有"不"字，比如，我们说"不能吼"，那么，潜意识无法转变成"我要轻言细语"。

3. 控制情绪

人们在情绪激动的时候，会不由得提高音量，所以，控制情绪是避免河东狮吼的一个关键环节，当你情绪激动的时候，不妨先暂时离开令你激动的场所，有什么问题等心情平复之后，再来解决。

大声讲话，是人的本能，小声说话，是一种文明，一个能够很好地控制自己声音的人，才配拥有强大的气场，到底该用多大声音讲话，全凭心中的尺度与自身的修养。

第 3 章

行事有尺：天道忌满，人道忌全

人活一世，要明白什么事能做，什么事不
能做，能做的事情应做到什么程度，心中有尺，
行事才能有度，外圆内方，灵活处事。

做人不要太炫耀，做事不要太低调

低调做人，高调做事，是一种谋略，也是一种尺度，低调做人可以让我们一次比一次稳健，高调做事可以让我们一次比一次优秀，所谓的成功，就是在低调做人与高调做事之间掌握一个合理的尺度。

《增广贤文》中有这样一句话："枪打出头鸟，刀砍地头蛇"，告诫人们做人不能太张扬，不然就会招致不幸或者灾难。在我国历史上，因为张扬而惹祸上身的人并不少见，杨修便是典型人物。

杨修之死的故事，众人皆知，但是现实生活中，依然有不少"杨修"存在。童小姐是一个女强人，经营着一家外贸公司，因工作需要，常常国内国外地跑，但不管多忙，她都会拍照发朋友圈，有时一天要发好几条。

童小姐的荣耀、成就、行踪，统统都发到朋友圈里。人人都有嫉妒之心，童小姐高调炫富行为，让很多人心里不爽。俗话说，三十年河东，三十年河西，最近几年，让童小姐的生意惨淡到了极点，公司摇摇欲坠，童小姐身背数千万欠款，苦苦支撑。

童小姐想到在银行工作的朋友琳达，想找她贷款，以解燃眉之急，可电话打过去，琳达便酸溜溜地说道："女强人，千万富豪，还需要贷款吗？"

李康在《运命论》中写道："木秀于林，风必摧之；堆出于岸，流必湍之；行高于人，众必非之。"意思是说，树木高出树林，风就会把它吹断；土堆突出河岸，就容易被急流冲垮；德行高于众人，众人一定会诽谤他。

中国人行事讲究保守内敛、中庸含蓄，太优秀了容易招致他人的嫉妒、诽谤、陷害，所以，做人千万不能过度高调和张扬，适当低调才能报平安。

何为做人低调呢？并不意味着淹没自己的个性，而是指做人方面一定要有稳重的姿态，必须保持谦逊的态度，这样才能不被外界所影响，踏踏实实地做人、做事。

一个人有没有才华，有没有真本事，不是靠着三寸不烂之舌的夸耀和四处炫耀显摆得来的，而是通过高调做事赢来的。杨先生是一名销售，他深知公司利益高于一切，所以，他不会放过任何一个展示才华和实力的机会。

每每遇到艰巨的任务，大家选择退缩的时候，杨先生总会迎难而上，果断地做出决策，在执行过程中，千方百计地解决困难，从而取得了傲人的成绩，他的努力众人所见，他的能力众人钦佩，很快就赢得了同事和公司的认可，被提拔为部门经理。

由此可见，高调做事是获得他人认可，展现才华与能力的重要途径，在此过程中，我们应注意以下三点：

1. 明确的目标

在做某件事之前，就应确立目标，明确要达到怎样的期望结果，并制定出实现这个目标的具体计划，做起事情来才能有的放矢，沿着既定的方向去努力。

2. 坚定的意志与勇敢的担当

没有人能随随便便成功，在做事的过程中，我们总会遇到这样那样的困难和挑战，这需要我们能够承担起肩上的责任，积极地寻找解决问题的办法，没有坚定的意志很难让我们坚持到底。

3. 大方的展示

当你取得一定的成果后，要将成果展示给相关人员，并通过宣传让更多人知道你的事迹，从而获得他人的认可和赞扬。

值得一提的是，做事也应保持谦虚、务实的态度，不能夸大其词，脱离实际，应把握好尺度。

拿自己的尺子衡量他人，是最大的不善

在很多人心中，都有一把无形的尺子，人们总会不知不觉地用自己的尺子去衡量别人，这就像猴子用爬树的能力来衡量一条鱼的才干，得到的结果永远不会正确。

古语有言：人贵在有自知之明。不过，在生活中，自知者少，自以为是的人倒很常见。

程女士是一名家庭主妇，她的老公是一名建筑设计师，因工作需要，经常出差在外。程女士担心老公在外面有情况，把老公盯得很紧，隔三岔五地电话查岗。

有一次，程女士的老公将电话落在了宿舍，程女士打了几次电话，都未接通，便买了飞机票，直奔老公出差的城市，亲自查岗，搞得程女士的老公十分苦恼，他不明白为什么妻子这么不信任自己？

可见，程女士是一个自以为是的人，喜欢按照自己的想法揣测别人，拿自己的尺子去衡量别人，从她的身上我们看到了投射效应的影子。

投射效应是指人们在认知和人际交往的过程中，将自己的特性、情感、意志等投射到他人或者事物上的倾向，这会导致人们在评价他人时出现偏差。

受投射效应的影响，人们总是假设他人与自己有相同的爱好，却忽视了个体差异性。

一般来说，投射效应有两种表现形式，如下图所示：

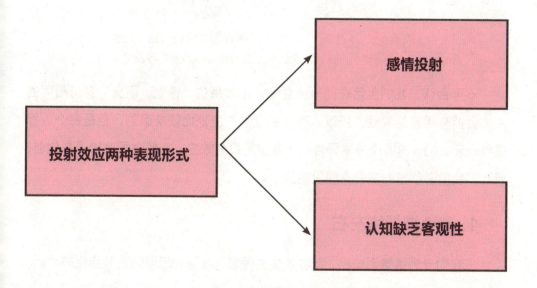

感情投射，即认为别人的喜好和自己相同，我们有的特性，别人也应该有，总是按照自己的思维去解读。比如，我们喜欢谈论某件事，就自以为是地认为别人也喜欢，便滔滔不绝地讲个不停，完全不顾及别人的感受。

在认知过程中，主体是以客观事物为参照物的，才能获得更加深刻的认识，而不是武断地猜测或者臆想，如果认知缺乏客观性，得到的结论就没有说服力，就不具有可靠性。

认知缺乏客观性是投射效应的一种表现形式。比如，人们对喜欢的事物会越发地喜欢，对讨厌的事物会越发地讨厌，从而表现为过分赞扬自己的喜欢的事物，过分指责自己不喜欢的事物。

以自我认知为中心，过分强调自我的唯一性，不愿意接受他人的观点，就会让我们的认知缺乏客观性。

不可否认，我们生活在同一社会中，年龄相仿，性别、职业、身份相同的人，会拥有更多的共性，所以，有时候投射效应是比较准确的，但是每个人都是独一无二的，具有个体差异性，随意使用投射效应，必然会导致错误与偏差，因此，我们必须想办法去克服投射效应。

1. 避免被情绪左右

当我们受到情绪影响时，就容易失去理智，看待和思考问题就会比较片面，容易陷入投射效应的陷阱之中。所以，我们要保持客观理性，就必须避免被情绪左右，当情绪不佳时，不要对他人妄下结论。

2. 尊重个体差异

自以为是是造成投射效应产生的一个重要原因。所以，要避免投射效应，应首先明确一点，每个人都有自己的价值观、情感体验以及思维方式，不能将我们的想法和感受，强加到别人身上，尊重个体差异，才不会以己度人。

只有当我们了解了自己和他人之间的差距，才能更好地理解他人，减少矛盾，和睦相处。

3. 以事实为依据

我们在对客观事物做判断时，不能跟着感觉走，凭主观感受做判断。比如，发现对方不善言辞，就认为对方不好相处，而是应该以事实为依据，通过对事实进行客观的分析，才能做出准确的判断。

每个人都有着不一样的经历和感受，所以永远都不要用心中的标尺去丈量别人，而是应该学会接纳和理解，这样我们与他人的相处才能更和睦，这个社会才会更和谐。

志同可以道和，求同也可以存异

> 每个人都是独立的个体，我们无法改变别人，也不能委屈自己，所以在行事时，要把握好"求同存异"的尺度，这不是一种简单的妥协，而是智慧的选择。

德国哲学家莱布尼茨说过："世界上没有两片完全相同的叶子"，每个人都是由不同的遗传基因组合而成的独立个体，加上每个人的出身背景不同、受教育程度不同、人生阅历不同等，决定了每个人的思想、性格、思维方式、行为习惯都各不相同。

"物有相似，人有所依"，人们都倾向于与性格相近的人交往，彼此投缘，相处起来融洽和谐。然而因工作、生活需要，我们与谁交往，有时身不由己，这该如何与之交往呢？

孔子曰："君子和而不同。"不要试图改变别人，也不要委屈自己，求同存异，便是最好的相处方式。具体来说，应做好以下四个方面：

求同	存异
■ 认知不同，不要争辩	■ 大是大非上，绝不苟同
■ 位置不同，给予理解	
■ 选择不同，给予尊重	

做好以上三方面的"同"，一个方面的"异"，与他人相处才能更和谐。

1. 认知不同，不要争辩

曾读过一个十分有趣的故事，话说妈妈带着年幼的女儿去逛街，回来后，女儿画了一幅画，妈妈拿过女儿的画，眼睛瞪得大大的，一脸懵地看着女儿。

原来，女儿的画上没有高楼大厦，也没有车来车往，只有一条条大腿，妈妈看着画，想了好一会儿，突然醒悟过来，女儿年龄小，个子矮，走在街上，看到的就是人们的大腿，因为大腿挡住了她的视线，所以，她没有看见高楼大厦。

古语有言："夏虫不可语冰，井蛙不可语海，凡夫不可语道"，这句话的意思是说，不要与夏天的虫子谈论冰，它不懂；不要与井底之蛙谈论大海，它没有见过；不要跟凡夫谈论高深的学问，他也不懂。

认知高度不同的人，看待问题的方式是不一样的。我们不能强求别人的认知都和自己一样，所以，认知不同时，就不该去争辩。

认知高度不同的人，看到的世界是不同的。

2. 位置不同，给予理解

办公室里的人，都不太喜欢小孙，因为小孙说话尖酸刻薄，常常得罪人，同事们都不愿意与他共事，希望经理将他调到其他部门，但经理不肯。

因为在经理的眼中，小孙虽然在为人处世上欠缺了一些，但干起工作，干净利索，无论多么困难的任务，都敢于挑战，在他身上有一股不服输的狠劲。

苏轼有诗云："横看成岭侧成峰，远近高低各不同。"同样的风景，站在不同的位置，看到的风景完全不同。同样，当我们处在不同的位置上时，对于同一问题，也会有不同的看法。

换位思考

学会转换位置，站在对方的角度看待问题，便能理解对方，减少了矛盾与摩擦。

3. 选择不同，给予尊重

每个人都有自己的选择，走好自己的路就好，不要对别人的选择指手画脚，可是好为人师，则是人们的通病。

比如，一个女人要嫁给一个经济条件一般的男人，七大姑八大姨便会站出来，讲一通大道理，让女人放弃贫穷男；孩子要填报自己喜欢的医学专业，父母又要横加阻拦……这样的例子不胜枚举。你不是鱼，焉知鱼之乐？尊重别人的选择就好。

4. 大是大非上，绝不苟同

不触碰底线、原则性的事情，都可以"求和"，但是在大是大非上，绝不能苟同，绝不能与他人同流合污。

善良有度，不度他人 ，不内耗自己

> 每个人都有自己的人生轨迹，不要试图去说服谁，去改变什么，即便你是对的，也不能称为善良的人，因为善良的人，懂得分寸与边界，不度他人，不内耗自己，才是最大的善良。

人们常说：善有善报，恶有恶报。在我们的认知中，善良的人一定能得到福报，但事实并非如此。

邻居张姐是个热心肠，小区里有小夫妻吵架，张姐会跑过去劝架，让小夫妻重归于好，可事后很少有人感激她，甚至有人埋怨她："我们两口子吵架，关你什么事？"

一个二十出头的小姑娘在一家公司做话务员，张姐觉得没有前途，劝她学点技能，今后在职场上才有竞争力，小姑娘很不耐烦地说道："我觉得这样挺好啊！"

为什么善良、热情的张姐没有得到好报呢？主要原因是缺乏边界感，人与人之间的相处，应该把握一定的分寸，越了界，好心就办成了坏事。

夫妻吵架是人家的家务事，关起门来就可以解决，张姐的介入，会让人觉得他们的家丑外扬了；找什么样的工作，过怎样的生活，每个人都有自己的选择，外人不便做评价，张姐的"指导"，让小姑娘觉得自己未能得到尊重，感觉被教训了。

成年人交往最舒服的关系是，双方都能守好边界，把握好分寸，凡事不要热心过度，点到为止即可。

莫言曾经说过这样一段话：不要去给人提建议，不要去给亲戚朋友出谋划策；对了，别人不会感激你，错了，反而全怪你；好为人师其实也是一种炫耀，是在告诉别人他不如你，最后你帮的人反而会更加讨厌你。

人性本善，我们在帮助别人时，本意是好的，但是每个人的认知都是有局限的，或者存在着一定的认知误区，就有可能对别人造成误导。所以，不要轻易对别人的事情指手画脚，特别是关乎人生的大事，更不可指手画脚。

另外，还有一些人总觉得自己是救世主，能拯救一切，能帮助所有人，结果到头来自己却过得一地鸡毛。

荣先生是家中的长子，他有四个弟弟妹妹，从小父亲就教他要有担当，要照顾好弟弟妹妹，于是，责任便在荣先生心中早早地扎了根。小时候，他帮助父母照顾弟弟妹妹，长大后成了家，依然对弟弟妹妹十分呵护，谁家有了难处，荣先生都会慷慨解囊，尽管自己的小家也过得不富裕。

或许是因为从小就有大哥的庇护，形成了依赖，他的弟弟妹妹日子过得都不怎么样，荣先生就想带着弟弟妹妹一起致富，却引发了家庭矛盾，妻子埋怨

他不顾家庭，弟弟妹妹埋怨他没有管好他们。一时间，荣先生成了猪八戒照镜子——里外不是人，干扰了自己的生活，过得一地鸡毛。

没有人能普度众生，不要太高估了自己，世上的每个人都有着自己的使命，都需要走过一段不寻常的路，不要试图去改变别人的人生轨迹。

很喜欢一句话：能说服一个人的，从来不是大道理，而是南墙，能点醒一个人的，从来都不是说教，而是磨难。唯有经历和磨难，才能让人成长，让人成熟，旁人不过是个看客而已。所以，聪明的善良人，会管好自己，但行好事，不度他人。

懂得吃亏，是聪明人的硬指标

> 世界上有一种聪明人，他们以吃亏为标尺，行事时，总会让利于人，把吃亏当成一种投资，到头来却拥有更大的福报，这就叫吃小亏占大便宜。

"天下熙熙皆为利来，天下攘攘皆为利往"，为人处世谁愿意吃亏，将自己的利益让给他人呢？但是真正的聪明人，在行世的时候，都会深谙"吃亏是福"这个道理。

方先生有一家服装公司，因为业务扩大，他准备开办一家分厂，并决定从老员工中挑选出一个人，去担任分厂的总经理，员工们知道方先生的想法后，加班加点地努力工作，以证明自己是个勤快人。

但是方先生毫不犹豫地选择了一位老实人——老杨，大家十分不解，为什么会选择看上去有些木讷的老杨？老杨是公司第一个员工，在创业初期，他没少吃苦，任劳任怨，吃了不少亏，方先生决定借这个机会，好好补偿一下老杨。

老杨的经历正好应验了那句"吃得起亏，才能享得起福"，老杨看似傻里傻气，像个老牛一样勤勤恳恳，其实，他才是真正的聪明人，因为他在行事时善用"亏欠感"。

人这辈子，什么都可以欠，唯独不能欠人情，因为人情无法量化，一旦欠下，很难还清。因为"难还清"，接受的一方就难以割舍得下，总挂念着，希望有朝一日能回报给对方，以消除心中的债务感。

"爱出者爱返，福往者福来"。你用爱来对待别人，将来别人也一定用爱来回报你；你用自己的金钱、智慧等去帮助别人，付出你的福报，将来你将得到更大的福报。

人际关系是人生的基石，建立良好的人际关系是成功的关键。那些不怕吃亏的人，都不是斤斤计较之人，为人大度善良，因为主动让利，大家都愿意与之交往，并信任他，那么他获得的人脉资源就会更广，成功的概率就会更大。

冯先生经营着一家面馆，小本生意，每天很辛苦，赚得却不多，可他却做了一件令人佩服的事情，他承诺环卫工人去他家面馆吃饭可以免费，大家都笑他傻，认为他这样做下去，迟早会关门。

恰恰相反，冯先生的生意越来越红火，大家听说了他的善举，都来他的面馆吃面，哪怕等得再久都毫无怨言，一碗面十块钱，有的人会偷偷地多支付一些，用实际行动来支持他的善举。

其实，吃亏就是一种投资，那些愿意吃亏的人，格局大，有眼界，他们不会在意眼前的蝇头小利，而是顾全大局，有长远的计划。

朱小姐，大学毕业后，进入一家会计公司，因为脾气随和，生性憨厚，不管哪个同事让她办事，哪怕不是她的工作范围，她都笑眯眯地答应下来，大家都觉得她是个老好人，好欺负。

直到有一天，朱小姐毫无征兆地向公司提出了辞职，大家颇感意外，认为这完全不符合她的性格。原来，朱小姐通过近一年的"吃亏"，从同事那里学到了很多本领，她已经被另外一家公司看中，要高薪聘请她过去。

一个长远计划都是从吃亏开始的，那些从一开始就"利"字当头的人，往往得到的都是眼前的小利，从长远来看，必然是失败。

没有互惠互利这把尺，人与人就无法相处

人际交往的实质是价值交换，所以，我们在与他人交往时，心中都有一把无形的尺子，用来衡量对方能够带给我们的价值，这里的价值不仅是物质上的，还包括情感上。

在《史记》中记载了一个"士为知己者死"的典故。豫让是战国时期四大刺客之一，曾跻身智伯门下，并受到了智伯的尊重与宠幸，称他为国士。后来，智伯攻打赵襄子，兵败而亡。豫让为给智伯报仇，多次刺杀赵襄子，都未能成功，最终被活捉，后含恨拔剑自杀。

豫让不惜付出生命的代价，也要为智伯报仇，源于"滴水之恩应涌泉相报"。社会心理学家霍曼斯曾指出："人际交往本质上是一个社会交换的过程，相互给予彼此需要的。"

当你友好地对待别人时，别人也会友好地对待你。

人与人之间的关系，就是在相互的给予与回报中逐渐增进的，这就是互惠

关系定律在发挥作用。互惠关系定律是一种描述人际关系中交换行为的理论，强调的是人与人之间的相互作用与相互给予。

也就是说，当一个人对他人表现出善意或者帮助时，他人通常就会以类似的方式来回报这种善意，互惠行为主要体现在以下两个方面：

物质上的互惠

主要体现在物质和利益上的交换，如同事之间的资源共享；结婚时候互送礼金等。

精神上的互惠

这主要依赖于思想、情感和精神上的交流，比如，好友之间分享快乐与烦恼。

互惠关系定律也很好地解释了为什么有的朋友走着走着就散了，那是因为两个人之间的相互作用和相互给予消失了。儿时的伙伴曾经关系十分亲密，但是成年后，有了各自的生活，阅历不同，经历不同，思维方式不同，彼此之间可以相互交换的东西太少了，所以人们产生了"相见不如怀念"之感。

所以，要与他人保持长久的交往，就必须与他人建立起互惠互利的关系，我们可以从以下四个方面努力。

尊重他人　　　　　　　主动帮助别人

积极回应他人　　　　　　提升自我价值

1. 尊重他人

只有尊重他人，才能获得他人的尊重，包括尊重他人的观点、需求等，这是建立互惠关系的基础。

2. 主动帮助别人

在别人遇到困难，需要帮助的时候，我们应主动地伸出援助之手，这无私的行为犹如雪中送炭，会让被帮助者十分感激，在我们需要帮助的时候，他们也会毫不犹豫地出手帮助我们。

互帮互助，才能成就彼此。

3. 积极回应他人

小丽是个十分抠门的人，每次和朋友去吃饭，都不主动买单，见朋友买单后，都会不好意思地说上一句："不好意思，让你破费了，下次我请客。"可是，小丽从来没有请过朋友，她的请客永远都在"下一次"。

与小丽比起来，小苏大方多了，她家境殷实，乐于助人，朋友有了困难，她都会主动帮忙。前不久，小苏入住了新居，朋友们知道了，凑了些钱，给她买了一件贵重的礼物，可小苏说什么都不要，非要朋友们退回去，这让朋友们很是尴尬。

在以上两个案例中，小苏和小丽都违背了互惠关系定律，在该定律中，积极回应他人是必不可少的环节，小丽在朋友三番五次请客后，一直没有作出回应，而小苏经常帮助朋友，却不愿接受朋友的馈赠。积极回应他人应包括两个方面：

（1）当别人帮助我们时，我们要及时给予回应。

（2）当我们帮助别人时，别人做出回应后，也要欣然接受，不然会让对方心里过意不去。

4. 提升自我价值

　　彼此之间能够提供价值帮助，才能构成互惠互利的关系。所以，我们要努力提升自我价值，我们的价值越大，能够互换的资源就越多，才能与他人建立起稳定且长久的关系。

第 4 章

爱人有尺：情不散尽有余韵

爱太满则溢，不满则伤。你可以爱一个人，但不要过了火，否则被爱的人会感到窒息，我们也会丢了自我，保留空间，适度的爱，才能让彼此都舒适。

" 亲戚别走得太近，保持亲疏有度最好 "

> 与亲戚相处，不要靠得太近，否则容易失了分寸，制造麻烦与矛盾，保持合适的距离，该团聚的时候团聚，该保留空间的时候保留空间，亲疏有度最好。

中国社会就是一个"人情社会"，尤为重视亲情，小时候父母就常教育我们：亲戚要常走动，才能更亲近。可是长大后，我们才发现，亲戚走得太近，反而会不亲了。这是为什么呢？

1. 走得太近，就没有了热情

张大妈的老伴去世后，就和儿子去了县城住，将老家的房子租了出去，但她不习惯城里的生活，隔三岔五地就回到村里，到亲戚家唠唠家常。起初，亲戚们都把张大妈当客人招待，会张罗一大桌子饭菜。

可时间久了，亲戚们就有些怨言了，招待张大妈也没有那么热情了，有时还会说些冷言冷语，张大妈也觉察到了亲戚们对她的态度发生了变化。

现代社会，人们工作压力大，生活节奏快，而且每个人都有自己的生活，经常去叨扰别人，再亲的亲戚也会让人反感，因为你破坏了相处的尺度，把你当成家人，关系没有那么近，把你当成客人，你走动得比家人还频繁。

亲戚之间，应保持适度的思念，走得太近，就没有了思念，还让人产生审美疲劳，变得厌烦。

2. 走得太近，容易引发矛盾

孔先生做生意缺少本钱，就从表姐家借了十万元，后来因为做生意亏本无力偿还，就将家里的几间老屋抵给了表姐。

后来，因为要修铁路，老屋需要拆迁，可以得到上百万的拆迁款，孔先生认为这笔钱应该分给自己一部分，表姐则认为既然房子已经抵债，那就属于自己的，没有孔先生的份，两人为此闹上了公堂。

俗话说，亲戚不共财，共财断往来。这句话虽有些夸张，但并不是毫无道理。之所以会向亲戚借钱，就是因为利用感情来借钱更容易，因为是亲戚，所以不好意思拒绝，甚至觉得让对方打个欠条，都是很没面子的事情。

新兄弟明算账

借银行的钱是有期限的，必须按时偿还，但是借亲戚的钱，可以无限期，被欠钱的一方碍于亲戚的面子不好催促，如果借钱方不守承诺，背信弃义，被欠钱的一方没有任何办法，矛盾便由此产生，所以，古人告诫我们亲兄弟也要明算账。

前不久，李女士乔迁新居邀请亲朋好友举办了乔迁宴。之后，在盘点礼金时，李女士发现表婶只包了两百块钱红包，还没有朋友送得多，非常不高兴，可表婶觉得早些年自家买新房，没有宴请宾客，办乔迁宴，李女士就不该收自

有些人喜欢利用亲戚关系来道德绑架别人，虽然亲戚之间存在着关怀和互助的义务，但不能毫无界限和尺度。

己的红包，表婶心里也不舒服。

由于是亲戚关系，我们可能不由得就会对对方存在着过高的期待，一旦这种期待没有被满足，也容易引发矛盾。

3. 走得太近，容易产生嫉妒情绪

晓燕与小梅是堂姐妹，她们的孩子同岁，在同一所学校读书，晓燕的儿子学习成绩好，小梅的女儿学习成绩不好。每每晓燕和小梅说起孩子学习的事情，小梅都十分嫉妒，渐渐地两人的关系也大不如从前。

亲戚关系带着复杂的情感因素，可能存在着嫉妒、竞争等情绪，人们总是倾向于和身边的人比较，所以亲戚最容易成为嫉妒的对象。

婚姻里要懂得避嫌，爱他（她）就别越界

> 在婚姻生活中，缺乏边界感是引发夫妻矛盾的一个重要原因，没有边界感，就会你我不分，不知不觉地侵犯到对方，而自己却误以为这是爱的表现。

我们常常用亲密无间来形容夫妻关系，实际上世上根本就不存在亲密无间，即使是夫妻，也需要给彼此保留一定的空间，否则一定越过了边界，我们的爱就会变成一根刺，刺痛对方，让爱悄悄溜走。

周先生，不仅人长得帅气，而且能力出众，是一位外企高管，因工作需要他常常出差在外，这让周先生的妻子小美十分不放心，经常隔三岔五地打电话查岗，好不容易出差回来，还要对他进行一番盘问。

起初，周先生还耐心地和小美解释，但时间长了，他开始变得不耐烦，这

越发让小美不放心，对丈夫看得更紧了。一天，趁丈夫洗澡的工夫，小美偷看了丈夫的手机，结果被丈夫发现，两人爆发了激烈的争吵。

真正的爱，应该是自然的、舒适的，像小美这样以控制的形式去掌控爱时，就会让人感到不舒服，让人觉得压抑、窒息，有一种想要逃跑的冲动，因为每个人都是独立的个体，不管与多么亲密的人在一起，都渴望保留一些私人的空间。

良好的夫妻关系始于边界感的建立。

1. 与异性保持界限

在婚姻生活中，与异性保持适当的界限，是对爱人的尊重，也是对婚姻的承诺。

王强与李妍从小在一起长大，两人情同兄妹。两年前，王强与厉娜结婚了，但是王强与李妍的联系依然很频繁，经常一起聚餐、郊游，李妍在生活中遇到了烦心事，也会找王强诉苦，甚至在厉娜出差期间，会留宿在王强家里，这让厉娜感到了不安。

显然，王强与李妍的行为已经越过了异性朋友的适当界限，这必然会引起厉娜的反感，即便顽强与李妍两人真的是清清白白的友谊，也应该在婚姻中设定界限，以免引发夫妻矛盾。

2. 像客人一样与爱人相处

有一个成语叫相敬如宾，指的是夫妻之间相互敬重爱护，就像对待宾客一样。可能很多夫妻都难以做到，大家觉得既然是夫妻，是没有必要那么客气，

乔先生的朋友来家里做客，妻子炒菜的时候盐放多了，乔先生当面指责妻子，导致夫妻两人发生了争吵。

太客气了，反而会显得生分。

因为存在这样的错误认知，我们在对待爱人时，就容易让言行过了界，伤害到对方，从而影响了夫妻感情。

3.给对方留出私人空间

付女士喜欢健身，每个周末都雷打不动地去健身房。上个周末，付女士的丈夫刘先生有一个应酬，想让付女士一同出席，被付女士拒绝了，刘先生非常生气，两人发生了争吵。

在这个案例中，由于刘先生干涉了付女士的私人生活，导致了夫妻矛盾。这提醒我们在夫妻在相处的过程中，一定要给对方留出一定的私人空间，尊重对方的个人空间，不做出越界的行为，具体包括以下几个方面：

（1）未经允许，不翻看对方手机。

（2）不过分控制对方的零花钱。

（3）给予对方独处的时间。

（4）尊重对方的情感经历，不追问他（她）的过去。

夫妻吵架须有度，祸不及家人是底线

要想夫妻吵架不伤感情，必须把握吵架的尺度与底线——祸不及家人，家人是软肋，也是盔甲，一旦触碰，必然会引起对方的激烈反抗，使夫妻感情降至冰点。

夫妻吵架，是婚姻生活中再平常不过的事情，偶尔小吵小闹也没有什么不好，可以给平淡的生活增添一点佐料，在争吵的过程中，讲出心里的诉求，可以增进理解，吵过之后，两人更加如胶似漆。

但是如果夫妻在争吵的过程中，牵扯到双方父母，那就不是如胶似漆，而是分崩离析了。陆女士和丈夫结婚后，两人选择了在大城市打拼，公婆在老家，每年回老家一两次，一家人的关系十分融洽，陆女士还十分庆幸自己遇到了好婆婆。

我儿子娶了你，才是我的福分！

我有一个好婆婆，真幸运！

　　一年前，陆女士的女儿出生，婆婆从老家来到城里，帮忙照顾孙女。婆媳生活在一个屋檐下朝夕相处，矛盾就显露了出来。陆女士嫌弃婆婆不讲卫生，委婉地和婆婆说了几次，婆婆依然我行我素。

　　时间久了，陆女士心里的怨气越积越多。有一次，她见丈夫将一双脏袜子丢在了沙发上，便和丈夫争吵了起来，起初丈夫并没有理会，任由陆女士数落，可陆女士越说越激动，开始口无遮拦，将丈夫的家人牵扯了进来。

　　丈夫的怒火一下子被点燃，丈夫也开始攻击陆女士的家人，于是两人的口舌之战，很快就上升为武斗，在一旁的婆婆眼泪吧嗒吧嗒地落，不知如何是好。

　　父母在一个人的心目中有着至高无上的地位，谁都不能攻击他们，一旦有人敢冒犯，我们就会本能地发起反击。所以，夫妻吵架时，不要殃及对方的父母和家人是底线，一定不能突破这个底线。

　　己所不欲勿施于人，人要学会将心比心，如果你不允许别人辱骂自己的父母，那么你也不要做出辱骂他人父母的行为。

我们要有"爱屋及乌"之心，如果你爱你的爱人，那么，就
请善待他（她）的家人，他（她）会从心里感激你，更加爱你。

此外，夫妻吵架是两个人的事情，千万不要把家人扯进来，让家人评理、做主，都是愚蠢的行为。

范女士和丈夫因为何时要孩子发生了争吵，范女士认为自己还年轻，应以工作为重，且现在正处于升职加薪的关键期，生孩子的事情应该放一放。丈夫则认为应该趁着范女士年轻，先把孩子生了，错过了最佳生育期，没有补救的机会。

由于谁也说服不了谁，范女士便拉着丈夫去找母亲评理，母亲觉得范女士说得对，支持女儿的做法。丈夫觉得岳母向着范女士，两个人一鼻孔出气，就拉着范女士找到了自己的妈妈和姐姐，妈妈和姐姐都劝范女士应早点生孩子。于是，何时生孩子原本是夫妻之间的事情，竟演变成了两个家庭的矛盾。

"天上下雨地下流，小夫妻吵架没有隔夜仇"。夫妻吵架打打闹闹，很快就过去了。如果向父母大倒苦水，埋怨另一半，就会影响爱人在父母心目中的形象，而且父母都向着自己的孩子，难免会拉偏架，不能客观地看待问题，这就会引发两个家庭之间的矛盾。所以，夫妻吵架还是关起门来吵为好。

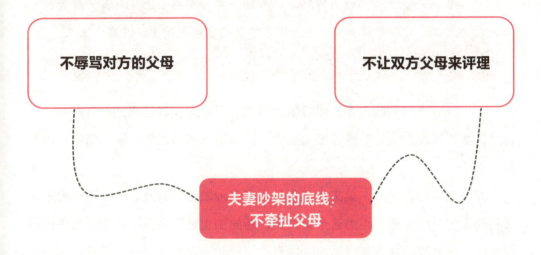

不辱骂对方的父母

不让双方父母来评理

夫妻吵架的底线：
不牵扯父母

"旧账"越翻越多，感情越来越淡

> 有的夫妻吵架越吵感情越深，有的夫妻吵架越吵感情越淡，那是因为后者喜欢翻旧账，揭伤疤，使争吵的内容越来越多，没有了止境，所以，夫妻吵架也要把握好火候和尺度，不要太过分。

天下没有不吵架的夫妻，但吵架的方式各不相同，其结果通常有两种：一种是越吵越恩爱，一种是越吵感情越淡。其中翻旧账是最伤夫妻感情的一种吵架方式。

康小姐下班回到家，见丈夫随先生正窝在沙发上打游戏，气不打一处来，责备随先生不做家务，不为这个家付出，随先生也毫不示弱地还击，责备康小姐花钱大手大脚，两人越吵越凶，你责备我一句，我反击一句，结果从最初因家务引发的口角，竟然发展到攻击双方的家人，吵架的内容严重跑偏。

翻旧账

俗话说，旧账一翻，人仰马翻。但是翻旧账会在很多家庭上演，起初夫妻两人吵架，可能是围绕着事情的本身，吵着吵着，情绪上来以后，吵架内容就会发生偏移，当情绪占据上风的时候，谁都想亮出更多的底牌来吵赢对方。

比如，你说我不做家务，我就说你花钱无度；你说我花钱无度，我就说你花天酒地不顾家；你说我不顾家，我就说你小肚鸡肠……

那么，夫妻吵架为什么爱翻旧账呢？这就要从情绪一致性效应说起，它指的是个体在某种情绪状态下，会产生与之相一致的情绪信息进行加工。

当一个人处于积极的情绪状态时，更容易关注到积极正向的事物；
相反，当处于消极情绪状态时，则会更容易关注到消极、负面的事物。

也就是说，因受情绪一致性效应的影响，夫妻吵架时，头脑中会立马联想到曾经的不愉快，于是，翻旧账便开始了。当人们积累在心中的负面情绪越来越多，且没有得到很好的解决时，争吵就会变得越来越激烈，旧账就会越翻越多。

因此，要避免翻旧账最好的办法就是让每一次矛盾都能得到妥善地解决，我们不妨从下面两个方面入手。

清楚地表达内心的需求　01

02　听清对方的弦外之音

1. 清楚地表达内心的需求

夫妻在吵架的时候，常常被愤怒冲昏了头脑，处于不理智的状态，这就会造成人们只顾着表达愤怒的情绪，却不能将心中的愤怒的原因清楚地表达出来，这样一来，两人的吵架完全是为了发泄情绪，而不是解决问题。

男人生病发烧，妻子因加班回来晚了，他便愤怒地责备妻子，实际上他内心想表达的是希望得到妻子的照顾。

因此，夫妻在吵架的时候，一定要控制好情绪，客观地描述事实，正确地表达对方的行为给你带来怎样的感受，以及你需要从对方那里得到什么，这样才知道吵架的源头在哪里，以便解决问题。

2. 倾听对方的弦外知音

吵架的双方，都处于情绪激动的状态，就会越吵越糟，若一方能够保持理智，倾听对方说些什么，并读懂其中的弦外知音，给对方做出正面且积极的回应，问题就解决了。

丈夫去参加同学聚会，得知有一个同学是丈夫的初恋，妻子很不高兴，故意找茬和丈夫吵架。

很多时候夫妻吵架是因为心里的需求未得到满足，而不是真的有大是大非的问题存在，若一方能够从对方的言谈举止中解读出对方的需求，争吵也就不存在了。

有尺度地宠孩子，才是真正的爱

爱孩子是父母的本能，会爱孩子则是一种能力。真正懂得如何爱孩子的父母，会把握爱的尺度，不会让爱变成溺爱，不会让爱变成了害。

孩子是父母的心头肉、掌中宝，天下哪有不爱孩子的父母呢？很多父母常把"不能让孩子输在起跑线上""再苦再累不能让孩子受委屈""一定要给孩子最好的"挂在嘴边，百分之百地为孩子付出。父母爱孩子，天经地义，但是如果爱的方式不对，就会葬送孩子的未来。

程程今年 14 岁，读初中二年级，是远近闻名的小霸王。前不久，因为偷了同学的自行车，被抓进了派出所，派出所联系了程程的妈妈，要她来派出所解决，妈妈到了派出所之后，差点跪在地上，央求警察快点把她的儿子放出来。

因程程是未成年，且是初犯，警察教育一番之后，就让妈妈带着他回去了，

回到家之后，妈妈不仅没有批评教育儿子，反而张罗了一大桌子饭菜，给儿子压惊。

溺子如弑子，程程妈妈如此溺爱儿子，早晚会葬送了孩子的未来，孩子可以宠，但一定要有尺度，毫无底线和原则的爱，就是害。聪明的父母都会从以下方面教育孩子，这才是真正的爱。

1. 培养孩子的孝心

德行始于孝心，百善孝为先，孩子的孝心非与生俱来，而是父母后天培养的结果。首先，要让孩子了解到父母的辛苦。比如，可以和孩子讲一讲自己的工作，让孩子一起做家务等。

其次，父母要做好榜样，利用节假日，带着孩子，一起回到爷爷奶奶、外公外婆家，看望老人，帮助老人做家务，给老人赠送礼物，在潜移默化中，让孩子懂得如何做才是孝。

最后，给孩子实践的机会，有些父母心疼孩子，不让孩子干一点家务，当孩子想心疼父母时，也会断绝拒绝，久而久之，孩子就会产生错误的认知——父母不需要我的爱，从而让孩子失去了表达孝心的能力。

2. 多读书，储备丰富的知识

知识能改变命运，知识是未来道路上披荆斩棘必不可少的工具，所以，一定要让孩子多读书。腹有诗书气自华，读书改变的不仅是孩子未来的物质生活，还包括他们的精神世界，应为饱览群书、有着丰富知识储备的孩子，会自带光芒，举手投足间，无不透露着优雅和非凡的气质。

玉不琢，不成器；人不学，不知道。在孩子成长的初期，是家长教育的黄金期，所以一定要引导孩子去读书、去学习。

言传身教远胜过督促，家长平时多看书、多学习，孩子在这样的环境中成长，也会渐渐地养成学习的好习惯。

3. 树立人生目标

一个人没有立志，就不清楚自己追求的是什么，不知道自己想要什么，每天都会浑浑噩噩地混日子，找不到生命的价值。所以，父母一定要从小就帮助孩子树立远大的人生目标，让他们找到生命的价值。

每个孩子的天赋都不同，有的孩子有运动健将的潜质，有的孩子是做科研的料子，还有的孩子天生有一副好嗓子……父母要善于观察，了解孩子的优势、兴趣爱好，因势利导，成就孩子的美好未来。

当孩子有了清晰的目标后，便能专注地做一件事，不会迷失自我。

婆媳相处不越界，各自安好，互不打扰

一个大家庭是否和睦，关键在于婆媳关系，婆媳关系好，家和万事兴；婆媳关系孬，万事难成。要想婆媳关系好，保持距离和尺度，各自安好，互不打扰，便会待对方如宾客，无烦恼。

从古至今，婆媳关系都是非常微妙的。它既不像夫妻那样有亲密的姻缘关系，又不像母子那样有稳定的血缘关系。两个女人是因为爱同一个男人才走到一起的，由于彼此之间缺乏了解，再加上观念、生活习惯的不同，经常会发生矛盾。

婆媳大战

都是你妈妈的错！

都是你媳妇的错！

前不久，詹女士与丈夫邹先生迎来了他们的爱情结晶，全家人都沉浸在新生命诞生的喜悦之中，两人初为人父人母，难免有些慌乱，不知所措，邹先生便让妈妈过来帮忙照顾。

詹女士夫妻平时不与公婆住在一起，因两地相距较远，一年只见一两次面，婆媳相处还算愉快。但是自从婆媳朝夕相处在一个屋檐下，两人的矛盾就渐渐地凸显出来，詹女士认为婆婆没有分寸，不该管她和丈夫之间的事，婆婆觉得詹女士太霸道，使儿子受委屈了。

不仅如此，婆媳两人在育儿理念上也存在着较大差异，詹女士觉得给孩子使用尿不湿更方便、卫生，婆婆觉得使用棉布尿垫子更好、更便宜。每每婆媳争论不休，就会找邹先生来评理，一边是婆婆，一边是老婆，邹先生站在中间左右为难。

詹女士与婆婆之间的矛盾不是个例，在很多家庭都会上演。大家有没有发现一个奇怪的现象呢？就是婆媳不住在一起，各有各的空间，往往能够平安无事，互敬互爱，但凡住在一起，或多或少都有些摩擦，天长日久，矛盾就会逐渐升级。

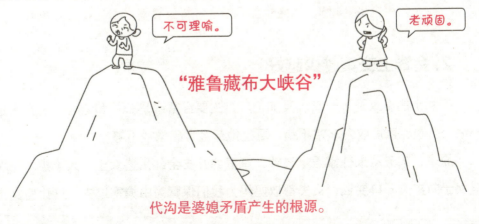

代沟是婆媳矛盾产生的根源。

《增广贤文》有言："相见易得好，久住难为人。"所以，调和婆媳矛盾的最好方法便是各行其道，各自安好。

1. 保持距离，分合有度

年轻人尽量不要与公婆住在一起，不同年代的人的观念、性格等都会有所不同，很容易引发矛盾。当然，最好也不要离得太远，一来不方便照顾老人，二来经常不走动，缺乏亲情。

理想状态下，"一碗汤"的距离刚刚好，即从你家端一碗汤到婆婆家，汤不凉不热，刚刚好。这样既能相互照顾，又减少了矛盾。

婆媳隔段时间见见面，彼此都很热情，婆婆会像招待客人一样招待儿媳，儿媳也会像做客一样给婆婆带上礼物。

2. 金钱上交集越少越好

盛女士的婆家开了一家玩具加工厂，主要经营者是公婆和老公。盛女士是一名公务员，家庭收入非常不错，可是她却经常感觉钱不够花。

原来，丈夫从未往家里拿过钱，家庭的开支全部由盛女士一人承担。每次盛女士向丈夫开口要钱，丈夫都以妈妈为我们保管为由搪塞过去，这让盛女士非常气愤，找婆婆理论，婆婆解释说年轻人花钱大手大脚，她来保管最稳妥。

男人结婚后，组建了新的家庭，就要为小家庭负责，经济上也要从原生家庭独立出来，不应让老人插手小家庭经济上的事情，金钱少插手，彼此都舒坦。若经济上遇到困难，需要老人帮衬，也应明算账，不能因为是一家人，就稀里糊涂，特别是老人的子女比较多的家庭，更要讲清楚，以免日后产生矛盾。

3. 礼让三分

经常听到有的女人说："我之前对待婆婆真的像对待自己的亲妈一样，但后来她却伤了我的心。"倘若你这样想，那你就失了分寸，越过了婆媳相处的界限。

你要明白这样一个道理：婆婆不是妈，像孝顺妈妈一样孝顺婆婆没有错误，但是除了孝顺以外还要讲礼，不能太随便。

另外，家庭不是讲理的地方，把礼讲清了，家可能就散了。所以我们要做到礼让三分，让自己输才能换来整个家庭的赢。

第 5 章

生活有尺：
取舍有道，张弛有度

要想生活得好，就不应把日子填满，保持
适度的节奏，学会给生活留白，做好断舍离，
取舍有道，张弛有度，才是美好生活的标尺。

真正精致的生活，是学会断舍离

> 曾经的我们认为拥有、得到会让人更幸福，随着年龄的渐长，我们衡量幸福的尺子发生了变化，越来越发现学会做减法，学会舍弃，与过去告别，才会让我们活得更轻松、更幸福。

人人都想过精致的生活，那么什么是精致的生活呢？每个人对"精致"的理解都不尽相同，但大多数人认为用丰富的物质来填充自己的生活，便是精致的生活。

或许是儿时家境贫的缘故，导致甄女士内心缺乏安全感，对物质有着强烈的渴望，衣服多得两个衣帽间都装不下，每次出门想找到一件满意的衣服，她都要翻箱倒柜折腾一两个小时，常常让自己陷入选择困难症。

没有，这么多衣服，我在想穿哪件衣服好。

老婆，换好衣服了吗？

甄女士的车库里还停放着一辆落满了灰尘的豪车，每每见到这辆车，甄女士都觉得它像一个鸡肋。三年前，甄女士买了一所新房，赶上了优惠政策——

买房送车库，车库空着总觉得不舒服，于是买了一辆车。

由于甄女士上班的地方步行不到十分钟，根本不用开车，而且甄女士与丈夫腰椎都不好，长期开车受不了，所以也很少自驾游，这辆车便被束之高阁了起来。

心理学上有一个著名的理论叫"鸟笼效应"，意思是说，当你拥有一个鸟笼的时候，你很可能会买一只鸟，而不会选择丢掉鸟笼。生活中，受鸟笼效应影响的例子比比皆是。

冰箱好空，我得买些东西填满它。

很多时候，人们的生活本不需要"鸟笼"，但是为了不让鸟笼闲置，就会花一笔钱去买一只"鸟"，导致我们总是被物质所拖累，无法真正主宰自己的生活。

所以真正精致的生活，不是拥有得越多越好，购买的东西越贵越好，它与金钱并没有太大的关系，而是一种生活态度，那么什么样的生活态度算得上精致的生活呢？学会断舍离。

断舍离是把那些不必需、不合适、过时的东西统统断绝、舍弃，并切断对它们的眷恋，这样我们才能过上简单、精致的生活。

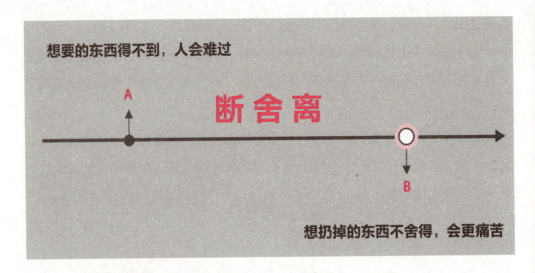

小时候，幸福很简单；长大后，简单就是幸福。只有懂得舍弃，丢掉包袱，才会让身心获得自由。下面的这些"断舍离"的方法，会让我们的生活焕然一新。

1. 丢弃不再使用的东西

打开你的衣柜看一看，是不是有很多衣服，你已经很久都没有穿过了？可能有一些衣服连标签都没有拆掉，除了占据了衣柜，浪费你找衣服的时间，它们没有任何的作用，既然如此，那就和它们告别吧。

2. 告别冲动型购物

每逢双十一，有多少人清空了购物车，事后又追悔莫及的呢？买东西不是一味地图便宜，有了这样的心理，你就会养成冲动购物的习惯，导致你买回很多原本不需要的东西，所以一定要告别冲动型购物，只买对的，不买便宜的，也不买贵的。

3. 拒绝每天刷手机数十次的行为

很多人都有手机依赖症，只要手机放在身边，就会不停地刷刷刷，好像总怕错过什么重要信息一样，这严重影响了我们的工作和生活。

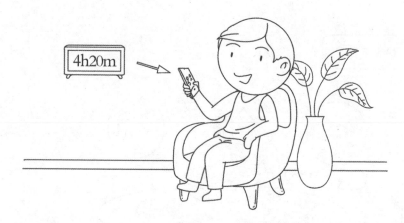

所以，我们要主动远离手机，把手机放在我们伸手够不到的地方，别人有重要的事情找你，自然会给你打电话，你什么都不会错过，反而能把你从手机中解救出来。

总之，我们要学会定期清空才能更好的容纳，过上更轻松的生活。

人活一生别太合群，只求三五知己

交朋友要有标准和尺度，不是任何人都可以成为朋友，而且朋友在贵不在多，能交到三五个志同道合，且具有良好品性的朋友，人生足矣！

千里难寻是朋友，朋友多了路好走。人脉的重要性，不言而喻。有的人为了获得更多人脉，便会尽量迎合别人，让自己看上去很合群，这必然会让自己牺牲太多。

好辣啊！快受不了了。

唐先生为了和同事们打成一片，常常和同事们步调保持一致，下班后一起撸串唱 K，即使吃不了辣，也舍命陪君子，和同事们吃了超辣的火锅。

物以类聚，人以群分。所谓的合群，并非见群就合，而是有群可合，什么样的群可合呢？东晋葛洪有句名言：志合者，不以山海为远；道乖者，不以咫尺为近。这句话的意思是说，如果两个人志趣相投，即使隔着高山和大海也不会感觉遥远，如果两个人理念不合，即使近在眼前，也会觉得心离得很远。

也就是说，真正的朋友始于志趣，有着相似的性情与兴趣的人们，才能彼此吸引，相互欣赏。如柳宗元与刘禹锡、管仲与鲍叔牙，以及刘备、关羽和张飞，都是因为志向相同，志趣相投，才成为了情比金坚的朋友。

我们都喜欢音乐。

志同道合

在茫茫人海中，能找到和自己志趣相同的人不是一件容易的事情，所以能有三五知己，已足矣！

《曾国藩家书》中有言：一生之成败，皆关乎朋友之贤否，不可不慎。可见交友是一件十分谨慎的事情，仅志趣相投还不够，还要看他是不是益友。何为益友呢？孔子曰："友直，友谅，友多闻，益矣！"。

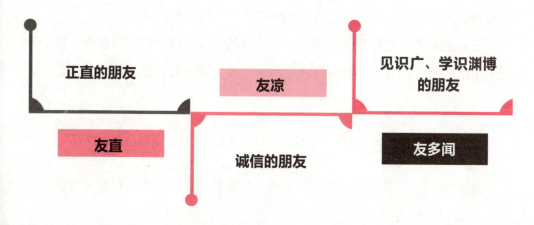

正直的朋友

友谅

见识广、学识渊博的朋友

友直

诚信的朋友

友多闻

1. 正直的朋友

张亮事业有成，家庭幸福，每每想到如今拥有的这一切，他都会感谢一个人——曹刚，曹刚是张亮的初中同学，两人是同桌，因曹刚为人正直经常得罪人。

初中正是男孩叛逆的时候，原本成绩不错的张亮，因长期和社会上不良的小青年混在一起，成绩直线下降，父母、老师越管教，张亮则越猖狂，曹刚看不下去了，每天和张亮一同上下学，看到张亮和不良小青年在一起，曹刚就会和张亮大吵。

在曹刚的监督下，张亮渐渐断绝了与不良青年的交往，后来张亮考上了市重点高中，进入名牌大学，他与曹刚也成了一生的挚友。

正直的朋友，就好像一面镜子，当你做错了事，他会及时提醒你，犹如我们人生路上的良师益友，若有缘遇见，一定要主动亲近，好好珍惜，他定会让我们终身受益。

2. 诚信的朋友

孔子云："人而无信，不知其可也。"意思是说，一个人如果不讲信用，真不知道他是否可以做成什么事。即一个人如果失去了诚信，很难在社会上立足。

我们结交诚信的朋友，可以建立起牢固的信任关系，不用担心被朋友欺骗，因为他们十分珍惜自己的名誉，绝不会做出违背道德的事情，与他们交往，我们可以尽情地享受友谊带来的欢乐。

3. 见识广、学识渊博的朋友

每个人的认知都有一定的局限性，与见识广、学识渊博的人交朋友，可以突破自我认知的局限，他们可以帮助我们拓宽视野，获得全新的认知，这对我们的成长与进步大有裨益。

成长最快的方式，就是与优秀者的同行。

> ## 学会给生活留白，享受独处的乐趣

> 这个世界纷纷扰扰，外界的喧嚣，让内心难以清净，这是因为我们没有把握好生活的尺度，未能给生活留白，远离社交，独处在自己的精神世界，才能还生活本来的面目。

有的人总喜欢把生活安排得满满当当，不留一点缝隙，即便是周末，也过得充实且忙碌，他们认为这才是有滋有味的生活。

生活就是每时每刻都要嗨起来！

小金则不同，她每个周末的晚上，会谢绝任何应酬，一个人待在家里，即便是男朋友约她，她也不会出去，不了解她的人，都以为她性格孤僻。

其实不然，小金只想享受一段独处的时光，她说每天忙于工作，忙于与各种人打交道，太累了，很难有时间好好地和自己待一会儿，靠近真实的自己。

不得不说，小金活得真是通透。那些喜欢独处的人，往往都是有着大智慧

的人。《菜根谭》中有这样一句话："花看半开，酒饮微醉，此中大有佳趣，若是烂漫，便成恶境美。"生活亦如此，我们也要学会给生活留白，留一段独处的时光给自己。

学会留白，生活才会更从容。

1. 独处，是一种高级的生活方式

人类作为群居动物，社交对生存和发展至关重要，我们几乎无时无刻不在社交，很少有时间独处，所以很难发现独处是一种高级的生活方式。

首先，独处可以让自己正确地认识自己。

成人的时间里，很少有逆耳的忠言，听到的多是真假难辨的恭维的话，外界的评价是我们认识自我的一个途径，如果我们不加辨别，沉湎于他人的夸奖之中，就会迷失自我。

所以，我们要学会独处，独处时没有了外界的干扰，我们可以静下心来思考，反省自己的言行，发现其中的得与失，也可以直面自己的内心，倾听自己的心声，清楚自己想要什么。

其次，独处可以放松身心。

和别人在一起时，我们会变得小心翼翼，说话之前会先在心里掂量一番，

在人群中，我们很难发现真实的自己。

生怕覆水难收，伤了人；行为上也慎之又慎，害怕自己的不当行为，会被人扣上"无礼"的帽子；为了迎合别人，常常说一些恭维的话，做一些言不由衷的事。

总之，和别人在一起时，更多的是配合，只有一个人独处时，才能撕下伪装，随心所欲，彻底放松身心。

再者，独处有助于培养独立的品质。

有些人害怕独处，因为这会让他们感到无聊，觉得生活没有意思，只有和他人在一起，才感到快乐。可是，依赖他人获得的快乐与满足感，终究是靠不住的。生活中除了我们自己，每个人都是生命中的过客，只有自己足够独立和坚强，才能从容地面对生活。

独处不是逃避现实，而是一种积极面对生活的态度，可以让我们在纷扰中实现自我提升，去追求更好的自己。

2. 享受独处的方法

高质量的独处比一群人的喧闹更有意义，那么我们在独处时，应该做些什么呢？试试下面的方法吧，它可以让你的独处时光更充实。

（1）读书，可以丰富我们的内心世界，不用走出家门，就可以去更远的地方。当你遇到一本好书时，在漫长的时光你都不会觉得孤单寂寞。

（2）培养兴趣爱好。成年人的世界大多孤单，即使有好朋友，也常常各有各的生活，不可能随时出现在我们身边，所以我们需要学会自我疗愈，培养

一个人，一盏灯，一杯香茗，一本书，如此便好。

兴趣爱好，便是一种很好的疗愈方法，当我们沉浸在喜欢做的事情之中时，就会忘却烦恼。足够幸运的话，它还可以成为我们的副业，获得额外的收入。

（3）坚持运动。一个爱运动的人，对生活是执着的，是有奋斗目标的，当汗水从脸颊划过，你会有一种充实感和满足感，同时也能释放压力，让我们保持一份好心情。

跑步，既锻炼身体，又是心灵修行。

（4）偶尔出去走走。在一个地方待久了，就会产生厌烦，不如来一次旅行，既能放松身心，释放压力，还能了解不一样的风土人情，感受不一样的生活，这是多么惬意的事情呢？

舍掉一成不变的日子，尝试不一样的生活

> 很多时候，不是生活太枯燥、太单调，是我们不愿意改变自己，固有的思维方式和行为习惯，是阻碍我们发生改变的绊脚石，所以我们也必须与它们断舍离。

田娜和丈夫吵架后，独自走出了家门，在经过一家理发店时突然产生了剪掉长发的念头，便径直走了进去，等到她从理发店出来时，已经变成了干净利索的短发，心情也好了很多。

田娜在一家外企做行政，每天过着家庭与单位两点一线的生活，这样一成不变的日子已经有好几年了，她觉得这样的生活没有一点新鲜感，渐渐地厌烦了，却不知道如何去改变。

每天过得像时钟一样，周而复始。

这次突发奇想的理发事件，让田娜忽然明白：要想改变生活，首先得改变

自己。只有改变了自己，生活才会跟着改变。

其实，我们很多人都和田娜一样，过着一成不变的日子，谁不向往充满激情的生活呢？那就请你勇敢地迈出第一步，尝试去改变吧。

首先，改变思维方式

有的人想改变，却迟迟不行动，是因为他们有很多消极的想法和负能量，这种思维方式阻碍了他们的行动。

所以我们要摒弃那些消极的想法，不要在做某件事之前就开始暗示自己不行，不尝试怎么会知道不行呢？

如果你没有足够的信心，就从小事上做起吧，比如改变一下发型，买一件款式新颖的衣服等，你会发现那些担心是多余的，你可以做得很好。

其次，跳出舒适区

章女士拥有中级会计职称，在一家会计事务所上班已经有八年时间了，每天早九晚五，日子过得波澜不惊，但是她渐渐地觉得这样的日子犹如白开水，淡然无味。

工作无压力，就会让人失去努力的动力。

　　虽然我们都喜欢做熟悉、擅长的事情，但是在舒适区待得太久了，我们就会像温水中的青蛙，一点点地在安逸中死去，所以我们必须跳出舒适区。

　　舒适区指的是一个人所表现出来的心理状态和习惯性的行为模式，人们在这种状态或者模式中不会感到压力，会感到十分舒适，一旦离开了这个区域，就会感到压力、不习惯。

　　但是一个人要想成长和进步，就必须迫使自己跳出舒适区，这样才能重新焕发出对工作和生活的激情，当你取得进步后，你会发现一切都是那么美好。

我们可以学习新知识、新技能，或者培养一项兴趣爱好，总之，要去尝试从来没有做过的事情。

最后，以终为始，明确目标

既然你已经下定决心去改变生活，就需要知道自己想把生活改变成什么样子，这是你的目标。有了目标，你才能制定切实可行的计划，并坚决地执行下去。

这就像我们去旅行，如果你不知道自己的目的地是在哪里，怎么知道走哪条路呢？所以，我们一定要养成以终为始的思考习惯，明确了目标才不会迷失自我。

在向目标前进的过程中，我们要停止拖延，克服懒惰，保持一颗恒心，不断努力，直到达到目标。

与过去划清界限，才能迎接未来

> 没有人的人生是一帆风顺的，都经历过风雨，要想在风雨过后，迎来彩虹，就必须学会与过去划清界限，将过去的不快放下，无法放下，就无法拥抱未来。

每个人的人生，都经历过令人难以忘怀的事情，它们经常会在某个特殊的时刻被唤醒，尤其是那些令人伤心的往事，事情虽然过去了，但心中的负担似乎从未放下。

大学毕业，刚刚参加工作的时候，小林经常会做与高考有关的梦，梦到自己在高考的考场中奋笔疾书，可时间不够用了，马上就要交卷了，怎么办？一着急，小林就从梦中醒来了，满头大汗。

小林为什么会反反复复做这个梦呢？这与她当时的处境有关，她毕业于一

所普通院校，找工作的时候四处碰壁，为了生存，她选择了一个自己并不喜欢的工作，而且工作压力很大，她时常在想：如果不是高考失利，是不是今天就不会过得这么难呢？

你是否有过和小林类似的经历呢？总是对过去的一些事情难以释怀，这是因为过去发生的事情，给我们的造成的创伤体验，从未被疗愈。

一对分手多年的情侣，再次相见，女孩依然没有释怀。

在曾经的某个时刻，当创伤事件发生的时候，由于我们被一些负面情绪困扰，深陷痛苦之中，无法理智地应对和处理，于是选择了回避，未能去探索情绪背后更深层次的心理需求，虽然经过一段时间后，负面情绪被压抑了，但是它从未真正地消失，在遇到类似的情境时，那些被压抑的情绪就会被唤醒，让我们重温过去那段创伤的体验。

以小林为例，她当下在职场中遭遇的挫折感，与当年高考失利的痛苦体验类似，于是当年的那段未能处理好的负面情绪又会重现，她很想回到过去，希望能改变一切，于是就会反复地做梦。

一名男子从小接受"棍棒"教育，当他看到有父母打小孩时，心中就会无比地愤怒，因为儿时的记忆和痛苦情绪被唤醒了。

很喜欢这样一句话：过去只是一种经历，不该成为负担。那么，我们该如何放下过去呢？可以按照下面的步骤进行：

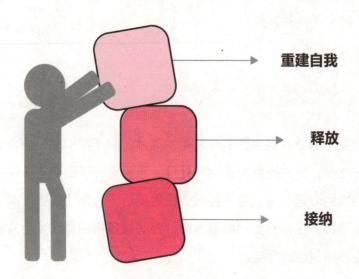

重建自我

释放

接纳

1. 接纳

不管你是否愿意，过去的事情已经发生，无法改变，不如坦然地面对，接纳事实。当然这并不是对曾经的错误或者负面情绪视而不见，而是不再与过去对抗，接纳过去的错误或者负面情绪，总结经验，吸取教训。

2. 释放

我们纠结于过去无法释怀，是因为当时的负面情绪未能得到释放，只有释放了隐藏在心中的负面情绪，才能真正地做到放下。

找一个可以信赖的人，将心中的烦恼和负面情绪说出来，就能有效地缓解心中的压力。

每个人释放情绪的方法都不同，选择适合自己的方法即可，比如运动、听音乐、写日记等，不管哪种方法，只要能够让负面情绪释放出来，都可以让我们重新获取力量。

3. 重建自我

现在我们回过头，再来讲一讲小林未完的故事，后来小林在职场中找到了一个合适的位置，事业上取得了不错的成绩，成为一家公司的中层领导，从那以后，她再也没有梦见过高考。

因为小林与过去失败的自己告别了，她已经重建了自我——一个坚强、自信、乐观的女人，当然也就不会再被那些负面的情绪困扰了。

那么，我们该如何重建自我呢？首先，我们要制定新的目标，有了目标，人生才会有希望，生活才有动力。其次，培养自信心，每个人都失败过，不能因为一次失败就患上习得性无助，失去了再出发的能力，多看看自己的优点和取得的成绩，让自己能够自信地面对未来。

"物来顺应，过往不恋，当下不杂，未来不迎。"才是最好的生活状态。

第6章

成功有尺：
凡事预则立，不预则废

何为成功？不同的人有不同的定义，但不管如何定义，在追求成功的过程中，都应保持一定的尺度与平衡，如做出正确的选择，拒绝过度思考，避免消极情绪，有远大的格局等。

用好这三把尺，让选择大于努力

人生无时无刻都在面临选择，我们现在拥有的生活，往往是几年前选择的结果，当初选择错了，今天就酿成了苦果，当初选择对了，今天就酿成了美酒。所以，我们在选择时，一定要有自己的衡量标尺，切勿盲从。

成功的秘诀在于正确的选择和不懈的努力，选择是因，努力是果，如果选择不对，就好比缘木求鱼、南辕北辙，所以选择比努力更重要。

该选择哪一条路呢？

一次正确的选择，大于百倍的努力。

在朋友、同事的眼中，岳先生是个头脑灵活的人，总能发现别人眼中看不到的商机。据说在大学期间，他就开过水站，月收入有三四千元，在同学们还在伸手向家长要钱时，他就已经实现了"财富自由"。

大学毕业后，岳先生看到哪个行业赚钱就做哪个行业，毕业十来年，做过的工作连他自己都数不清，做过保险员、干过房地产中介、开过饭店，可是哪一份工作都没有干长。现在他的同学们在事业上都已小有成就，只有他一事无成。

精明的岳先生，为什么会一事无成呢？因为他在面对选择时，没有一个明确的衡量标尺，而是选择了盲从。在追求成功的路上，有多少随波逐流的人呢？

　　我们习惯了随大流，看到别人炒股赚了钱，心里就痒痒的，明知道风险很高，还是忍不住一试，结果赔得一塌糊涂；看到别人跳槽，找了一份更好的工作，我们也放弃了一份稳定的工作，总想着平步青云，结果连饭碗都丢了。

　　所以要想取得成功，首先就要克服从众心理，相信自己，忠于自己的选择，不为别人的选择所动，在一个行业或者领域精耕细作，坚持不懈。

　　那么，如何才能做出正确的选择呢？我们不妨用下面的三把尺子来衡量一下。

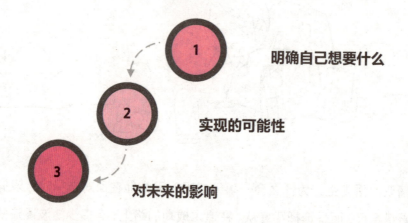

1. 明确自己想要什么

　　做自己喜爱的事情，才能持之以恒，即使遇到困难和挫折也不会退缩，因为我们认为这是值得的。

　　在心理学中有一个著名的定律叫不值得定律，即不值得做的事情，就不值得做好。该定律反映出人们的一种心理，一个人若做的是一件自认为不值得的事情，其态度往往是敷衍的，相反只有做自认为值得的事情，才会有成就感，并愿意勇往直前。

　　所以在做选择的时候，要摒弃外界的声音，倾听自己的心声，清楚自己想要什么，对自己来说什么才是最重要的，要实现怎样的目标。

2. 实现的可能性

明确了自己的想要什么，奋斗的目标是什么以后，接下来就要考虑做这件事成功的概率有多大，即收集和研究相关信息，以便对选择做一个全面的评估。选择可能不止一个，这需要权衡不同选择的利弊，分析每一种选择的风险性，评选出最优的选择。

3. 对未来的影响

每一项选择都关乎未来，在做出选择后，不仅需要考虑当前的利益，还要用发展的眼光，从长远的利益考虑，这项选择三年后、五年后、十年后，是否依然有前途，我们的选择会对未来产生怎样的影响？是否符合长远的目标？从而避免犯下决策错误。

总之，人生首要的问题就是找准自己的定位，结合自己的条件、特长、兴趣爱好等因素，选择一条适合自己发展的正确道路。没有明智的选择，无论怎么努力，都是漆黑赶路，很难迎来黎明。

最后，提醒大家一点，做出正确选择后，我们还要选对圈子，因为人是会

被影响的，在一个好的圈子里，与一群志同道合的人在一起，我们的成长也会加速。

过度思考是内耗，想做就立即行动

虽然三思而后行，可以避免鲁莽行事，但是思虑要适度，过度思虑不仅是一种内耗，也会让我们变得优柔寡断，错失良机。

"花开堪折直须折，莫待无花空折枝。"这个名句出自《金缕衣》，旨在告诫世人：当心中有了一个美好的想法时，千万不要犹豫，一定要立即行动，如果犹豫再三，错过了时机，就只能悔不当初了。

陈先生是一个非常谨慎的人，做事总要思虑再三。前不久，他和一家公司谈一个项目，在谈判之前陈先生就得知对方是一个十分难搞定的人，对这次谈判他并没有抱多大的希望。令人意外的是，第一轮谈判很成功，基本上达成了共识，只需要再敲定一些细节就可以拿下这个项目。

就在这个节骨眼上，陈先生开始犹豫不决，将第二轮谈判的时间推了又推，最终将到手的生意拱手让给了同行，陈先生追悔莫及。

人生充满了机遇和挑战，机会摆在面前时，要迅速做出决策并立即付诸行动，但是在现实生活中，雷厉风行、当机立断的人并不多，人们常常会出于种种考虑，思虑再三。

的确，三思而后行，能让我们避免错误，但是古人又云"再思可矣"，意思是说，思虑不宜过度，犹豫不决，一拖再拖，很可能就将此事放弃了。

拖延是通往成功路上的绊脚石，那么人们遇事为什么总拖延呢？拖延是一种自我设障，即人们在面临被评价时，为了维护自尊做出的对成功不利的言行，给成功先设置一个障碍。

以陈先生为例，他在谈判的时候故意拖延，不按照对方的约定进行谈判，就是怕谈判失败（他对这次谈判心存疑虑，认为成功的可能性不大）下不来台，拖延就给谈判失败找到了借口。

当我们没有借口的那一刻，便是成功的开始。

简单地说，就是人们总希望在失败面前找到借口，一般来说，人们可以接受因内外部阻碍导致的失败，却不能承认因能力不够、智力不行导致的失败。

此外，自我设障可以让我们将失败的内部归因转化为外部归因，从而保护我们的自尊心不受到伤害，一般来说，以下三类人更容易陷入自我设障。

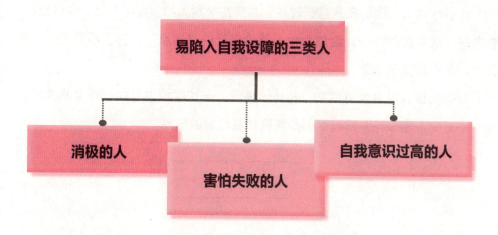

消极的人在一件事尚未开始前，只要感觉到有可能失败，就不愿意付出努力，因为他们认为努力是徒劳的，是无法改变失败的结果的，所以干脆不去尝试。

消极的人往往在做事之前，头脑里就会冒出很多消极的暗示，使他们还未开始，就已经处于被动之中。

其实，在行动之前，每个人都会在心里盘算做这件事的成功和失败的可能性有多大，但是思考也需要把握一个尺度，不能追求万无一失，否则就会因害怕失败不敢去挑战，通常害怕失败的人宁可选择逃避挑战，也不会勇往直前地去迎接成功。

还有一种人，他们自我意识过高，非常在乎别人如何看待自己，评价自己，总觉得一次失败的经历，会成为他人评价自己的"污点"，为了不要这个"污点"，他们选择了逃避。

没有失败，怎么会有成功？相比于失败，一次次地放过摆在眼前的大好机会，不更令人痛心吗？所以我们要摆脱自我设障的怪圈。

自我设障

首先，停止消极的心理暗示，在大脑中出现那些负面的消息时，一定要告诫自己：尝试一下吧。很多时候害怕失败，是因为对自己不够自信，而自信来源于每一次成功的积累，不尝试何来成功呢？

其次，对最糟糕的情况进行预测。我们不敢尝试，是因为担心无法承担失败的后果，不妨就先对最糟糕的情况进行预测，如果这个结果在自己的承受范围，那就勇敢地去做。

很多事情都不是我们料想得那么糟糕，其实很多担心都是多余的。

成功的尺度不看成绩，是看克服多少困难

什么是成功？多数人认为把一件事做成，或者取得了多少成绩，就算成功。其实成功是一个过程，而非状态，若成功有尺度，那衡量标准一定是看这个人克服了多少困难。

在通往成功的路上，我们总以为解决了这道难题，就会迎来曙光，可实际上难题会一个接着一个出现，永远都解决不完，所以这个世界上没有一劳永逸的事情，除非你放弃了努力。

不管多晚、多累，岑女士每天都会抽出半个小时，雷打不动地学习韩语，她的丈夫非常不理解，担心她这么拼命吃不消，可岑女士意志坚定，谁都改变不了她的决定。

"你都是总经理了，还这么拼命干吗？"

学无止境，成功永远在路上。

岑女士是名副其实的拼命三娘，她能成为公司的高管，靠的不是天分和运气，全凭借自己的努力。最初她只是一个外贸公司的业务员，为了能与客户实

现无障碍沟通，她自学了英语和日语，每天都会学到很晚，困得坚持不下去了，就用冷水洗脸，或者将风油精涂在太阳穴上。

经过一段时间的学习，岑女士能讲一口流利的英语和日语，和客户交流起来更加地顺畅，业务能力显著提高，得到了公司的重用，晋升为业务主管，她又开始学习网络推广，近年来，公司与韩国的贸易往来日益频繁，岑女士又开始学习韩语，最终岑女士凭借着自己的努力，一步步走到总经理的位置。

学无止境

在外人看来，岑女士是成功的，完全没必要再这么拼命，可在岑女士看来，成功就像爬过一座座山峰，只要不停下脚步，永远都有险峰在前方等待，成功就是克服一个又一个的困难，不断进取的过程，而不是最终的结果。

在通往成功的路上，布满了荆棘，可能要经过一次又一次的失败，在面对失败和挫折时，有的人勇往直前，不达目的不罢休，有的人则患上了"习得性无助"，一朝被蛇咬十年怕井绳。

什么是习得性无助呢？这要从一则心理学实验说起，1967年美国心理学家塞利将一只狗关在笼子里，只要蜂音器一响，就会对狗进行电击，因狗被关在笼子里无法逃避，只能任由摆布，非常痛苦。

多次实验之后，只要蜂音器一响，狗就趴在地上惊恐哀叫。后来，实验者在对狗进行电击前，将笼门打开，狗不但没有逃出来，而是在电击未出现之前就开始痛苦地呻吟。狗本来可以主动逃避，却放弃了求生，绝望地等待电击，这就是习得性无助。

习得性无助是一种心理状态，指的是一个人在遭遇多次失败之后，逐渐放弃了努力，认为自己无法改变现状，从而产生了无助和绝望的情绪和行为。

我们在失败之后不敢再尝试，往往是因为恐惧，战胜恐惧最好的方法就是立即去做让你恐惧的事情，只有行动起来，我们才能不去思考结果，有的时候思考得越多，越会让我们裹足不前。

　　小薇现在已经是一名优秀的记者，但之前她是非常羞怯怕生的。有一次上司让她去采访一个著名的企业家，小薇连忙摆手说："不行，不行！"上司二话不说，拿起电话就拨通了那位企业家的电话，以小薇的名义约好了采访企业家的时间。

　　小薇惊恐得说不出话来，但木已成舟，她只要硬着头皮去采访那位企业家，但结果并没有她想象得那么糟糕，进展得十分顺利。

　　所以说，有时候不计后果的努力，往往会带来意想不到的结果，想得越多，反而成为了我们行动的阻碍。

> ## 掌控情绪尺度，你就成功了一半

有情绪是本能，掌控情绪是本事。当被不良情绪侵袭时，我们应该知道如何掌控它，释放它，不能让它突破适度，泛滥成灾，这是一个成功人士必须具备的能力。

一个成功的人，首先他得是一个情绪稳定的人，因为只有情绪稳定，才能很好地与他人相处，在面对压力时，才能很好地处理工作。若任由情绪泛滥，随意发脾气，很容易将好事搅黄。

杜女士原本是一名销售主管，但因为没有控制好情绪，得罪了公司的一位老客户，被公司辞退了，杜女士十分后悔，自己辛苦打拼多年才晋升到了这个职位，却因为一次"大发雷霆"断送了。

客户十分注重细节，修改了几次合同，惹恼了
杜女士，两人发生争吵，导致合作终止。

事后，杜女士回忆起这件事，她认为可能是因为那段时间工作压力太大，导致了她的情绪失控。

现代社会生活节奏快，工作强度大，加上人们对自我期望过高，以及自我调节能力不足等原因，导致很多成年人承受着较大的心理压力，压力过大且长时间无法得到释放，就像一个不断充气的气球，迟早会失控。

当然，谁都会有情绪不良的时候，但我们需要把情绪掌控在一定尺度，这样我们就成功了一半。

负能量　　　　　　　　　**正能量**

当你能够掌控情绪时，好运便会慢慢向你靠近。

1. 情绪不良时，紧急应对措施

有的时候不良情绪会突然袭来，并不会给我们太多的处理时间，所以，我们需要掌握一些紧急应对不良情绪的措施。

（1）转移注意力

如果当前的环境，让你的情绪处于崩溃的边缘，此时应该立即离开"现场"，将注意力转移到其他事情上去，这可以有效地避免情绪失控。

（2）呼吸放松法

这个方法不仅对增加肺活量有帮助，还可以间接改变生理与情绪的反应，使肩部肌肉得到放松。

深吸气　　　　　　停留　　　　　　呼气

选择一个舒适的环境，坐着或站立均可，将注意力集中在腹部，用鼻子慢慢吸气，至整个肺部充满空气，屏住呼吸停留五秒钟，用嘴巴慢慢呼出空气，重复数次后，就能有效缓解不良情绪。

2. 释放压力的方法

在通往成功的道路上，压力与我们如影随形，若不及时释放压力，就会造成人们精神忧郁、苦闷，所以我们需要掌握一些释放压力的方法。

（1）运动

运动有助于释放紧张情绪，加速血液循环，促进内啡肽和多巴胺的释放，从而提高身心状态。

把鸭梨（压力）放进冰箱，就变成了冻梨（动力）。

瑜伽、跑步、游泳、打篮球等运动，都能有效释放压力，选择一个适合且喜欢的运动即可。

（2）倾诉

将那些令你感觉压力大的事情讲出来，可以减轻内心的恐惧、惊慌等，让心态重新恢复平衡。

提到倾诉，我们首先会想到找好朋友倒苦水，这的确是一个好办法，但这种办法只能偶尔为之，时间长了，谁都受不了长期充当"情绪垃圾桶"的角色。

不过没关系，我们可以让宠物来扮演这个角色，它们不仅会认真"聆听"，还能守口如瓶，不会泄露你的小秘密。

另外我们还可以把烦恼写下来，在书写的过程中，大脑会不知不觉地进行思考，就会发现有些紧张、焦虑是完全没有必要的。

书写烦恼的过程，就是释放压力的过程。

要想成功，眼中要有尺，心中要有量

追求成功的人，必须有这样一种态度与智慧——眼中要有尺，心中要有量。眼中有一把尺，是指能够度量外界的事物，做出正确的决策；心中要有量，是指能包容失败，不畏惧困难，有坚强的毅力。

决定一个人能否成功，取决于多方面的因素，有的人占据了天时，有的人占据了地利，还有的人运气爆棚，不管成功的因素是什么，这些成功者的身上都具备一个共同点——眼中有尺，心中有量。

何为"眼中有尺，心中有量"呢？指的是我们对事物有清晰的判断和认知，具有敏锐的观察能力和分析能力，目光远大，可预测未来，这是一种成熟和理性地追求成功的态度，也就是我们常说的格局。

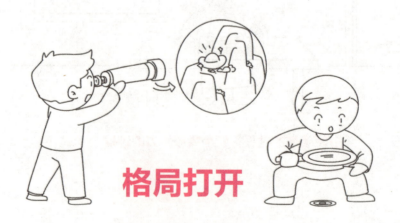

格局打开

一个人格局有多大，就能成多大的事。

格局太小的人，哪怕他们侥幸取得了成功，往往也是昙花一现，能傲立潮头保持不败的人，都是大格局之人。故欲成大器，一定要把目光放远，把格局打开，把视野放宽。

1. 有担当，能扛住事

在打拼事业的过程中，没有谁能一帆风顺，总会遇到大大小小的坎儿，承担各种各样的压力。有的人遇到事情，咬咬牙，含着眼泪扛过去了；有的人选择了打退堂鼓，或者被压力压垮了。

苗先生现在已经是当地小有名气的企业家，可是在十年前，他还在大街上东奔西跑，拉业务，刚刚入行的时候，跑了快一年，只谈成一笔很小的订单，曾无数次被人拒之门外，躲在角落里黯然神伤，但不管多难，他都咬牙坚持下来了。

有担当，能扛住事，意味着敢于承认失败，面对挫折，接受他人的批评和指责。能扛住事的人，输得起，不会找借口，不会逃避，输了就再来一次，谁能随随便便成功，不都是历经无数的风雨，才见到彩虹吗？只有这样的人，才是有格局的人。

2. 居安思危，未雨绸缪

古人云："居安思危，思则有备，有备无患。"意思是说，在安逸的环境中，我们也不能放松，要有危机意识，对未来可能出现的危机，做好应对准备，未雨绸缪。

过分的安逸，会像温水中的青蛙，一旦危机来临便遭受灭顶之灾。

乔女士和徐女士是好友，也是同行，两人都做服装生意，早些年电商刚刚兴起的时候，乔女士就隐隐地感觉到实体店会受到影响，开始学习电商知识，准备转型，但徐女士却无动于衷，因为当时她的生意非常火爆，她认为乔女士不趁着好时机赚钱，搞电商就是瞎折腾。

转眼三年过去了，乔女士的电商已经做得风生水起，可徐女士的实体店已经门可罗雀，她此时再想转做电商已经错过了最佳时机。

机不可失，失不再来，有时候成功只需要抓住一个机遇就够了，但这个机遇只留给那些居安思危、未雨绸缪的人，在风未来之前，他们已经站在风口等待。

3. 沉得住气，耐得住寂寞

这是一个浮躁的社会，急功近利的人太多，总想着一日暴富，有这样的心态，就很难沉得住气，耐得住寂寞踏得下心，把一件事做到极致。

一天下一个蛋太慢了，我要杀鸡取卵。

有的事情做得太着急，容易适得其反。

在大城市打拼的牛先生，五年前回到了家乡，包了一片山林种植果树，牛先生家乡的土地最适合种植苹果和梨，但是现在的年轻人不愿意吃苦，并且觉得搞种植来钱太慢，宁可将山林荒废，也不愿意种植。

所以，大家见牛先生搞种植，都嘲笑他太傻，大城市里有那么多来钱快的工作，为什么要躲在这山里风吹日晒，赚辛苦钱呢？五年过去了，曾经光秃秃的山林，挂满了果子，牛先生在网上开启了直播，卖起了水果，仅一年的时间，就收回了他之前的所有投资，他预计在未来的几年，每年的收益都可达到30万元。

龟兔赛跑

所谓的成功，不过是把一件事重复做到极致罢了，世界上没有一蹴而就的成功，那些站在山巅的人，都是经历了披星戴月的努力才达到这个位置的，所以，你无须着急，只要一直在努力就好。